거둠의 기도

거둠의 기도

지은이 | 김기석
초판 발행 | 2019. 2. 14
5쇄 발행 | 2024. 11. 7
등록번호 | 제1988-000080호
등록된 곳 | 서울특별시 용산구 서빙고로 65길 38
발행처 | 사단법인 두란노서원
영업부 | 2078-3333   FAX | 080-749-3705
출판부 | 2078-3331

책값은 뒤표지에 있습니다.
ISBN 978-89-531-3399-0   03230

독자의 의견을 기다립니다.
tpress@duranno.com   www.duranno.com

두란노서원은 바울 사도가 3차 전도여행 때 에베소에서 성령 받은 제자들을 따로 세워 하나님의 말씀으로 양육하던 장소입니다. 사도행전 19장 8-20절의 정신에 따라 첫째 목회자를 돕는 사역과 평신도를 훈련시키는 사역, 둘째 세계선교(TIM)와 문서선교(단행본·잡지) 사역, 셋째 예수문화 및 경배와 찬양 사역, 그리고 가정·상담 사역 등을 감당하고 있습니다. 1980년 12월 22일에 창립된 두란노서원은 주님 오실 때까지 이 사역들을 계속할 것입니다.

모든 생각을
주님께 드리는

거둠의 기도

김기석 지음

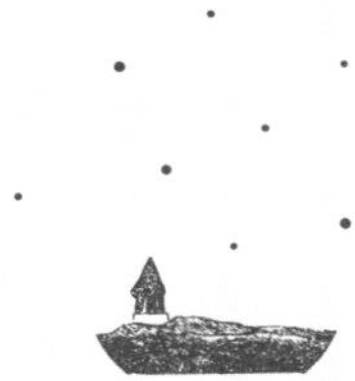

두란노

서문

시간은 청신함의 옷을 입고 시시각각 다가오지만, 삶에 지친 우리는 그 시간을 권태의 그릇에 담곤 합니다. 일상의 모든 순간 속에는 하늘의 광휘가 감춰져 있지만 잿빛 우울에 익숙해진 눈은 그 빛을 알아차리지 못합니다. 몸 가진 사람이기에 육체의 욕구를 외면하며 살 순 없지만 그 욕구에 갇힌 채 더 큰 세계를 바라보지 못하는 게 우리 삶의 문제라면 문제이겠습니다.

아우구스티누스 성인은 육욕에 자꾸 굴복하다 보면 버릇이 되고, 버릇이 고착화되면 숙명이 되는 법이라고 말했습니다. 숙명은 우리에게 자유의 여백을 허용하지 않습니다. 그러나 인간의 인간됨은 자기를 넘어서는 데 있습니다. 숙명의 잡아당기는 힘을 거슬러 더 큰 세계 앞에 자기를 개방하는 게 사람됨의 보람입니다.

삶은 누구에게나 낯섭니다. 익숙한 세상에 살면서도 늘 마음이 불안한 이들이 있습니다. 살갗이 벗겨진 것 같은 쓰라림 속에 사는 약자들입니다. 익숙한 세계에서 평안한 것은 대개 강자들입니다. 낯선 세계에 가면 누구나 두려움을 느낍니다. 귀에 들리는 낯선 언어는 우리가 이방인임을 자각하게 만듭니다. 낯선 곳에 가서도 마치 자기 집인양 당당하게 지내는 이들이 있습니다. 정신적으로 강인한 사람들입니다.

신앙인은 어떤 사람일까요? 낯선 세계에서 주눅 들지 않는 사람일까요? 저는 오히려 익숙한 세계에서 낯선 이로 사는 사람이라고 생각합니다. 바울 사도는 오직 우리의 시민권은 하늘에 있다고 말했습니다. 베드로는 세상에 흩어져 살고 있는 성도들을 가리켜 나그네라 했습니다. 물론 정처 없는 나그네는 아니겠지요. 성도는 하나님의 마음의 중심에 당도하기 위해 늘 길을 떠나는 순례자입니다.

그러나 세상에는 순례자의 발걸음을 붙드는 것들이 참 많습니다. 다섯 가지 색이 사람의 눈을 멀게 하고, 다섯 가지 소리가 사람 귀를 멀게 하는 법입니다. 마땅히 보아야 할 것을 보고, 들어야 할 것을 가려 듣는 사람이 참 사람일 것입니다. 하지만 노력 없이 저절로 참 사람이 될 수는 없습니다. 그것은 치열하게 획득해야 할 삶의 목표입니다.

몽테뉴의 말이 떠오릅니다. "아무 데로나 가려는 자는 그 어느 곳에도 가지 못하는 법, 그 어떤 항구도 목적지로 삼지 않는 자에게는 바람도 아무 쓸모가 없다." 우리에게는 분명히 가야 할 목표가 있습니다. 참 하나님이면서 참 인간이신 예수 그리스도, 오직 그분만이 우리의 영원한 푯대이십니다. 길을 걷다 보면 그 푯대가 눈앞에서 사라지기도 하고, 안개가 서린 듯 가물거릴 때도 있습니다. 하지만 푯대가 보이지 않을 때조차 그 지향을 잃지 않고, 뚜벅뚜벅 그 방향으로 나아가는 것이 믿음입니다. 그 길이 오랜 여정이 되기 위해서는 기도해야 합니다.

제가 섬기고 있는 교회에서는 설교가 끝난 후 모든 교인들이 잠시 침묵의 기도 시간을 갖습니다. 마음이 너누룩해진 후 말씀이 가슴에 배어들기를 기다리는 시간입니다. 그리고 설교자가 아주 간단하게 거둠의 기도를 올립니다. 말씀에 응답하여 새로운 삶을 다짐하고 하나님의 도우심을 구하는 것입니다.

몇 년 동안 강단에서 바쳐진 거둠의 기도가 책이 되리라고는 꿈에도 생각한 적이 없습니다. 즉흥적으로 바쳐진 기도이기에 어법에 맞지 않을 때도 있고, 반복되는 부분도 있습니다. 그러나 그 반복이 어쩌면 제 영혼의 지향인지도 모르겠습니다. 간곡한 청을 뿌리치지 못해 태어난 이 소박한 기도집을 손에 든 누군가에게 하나님께 기도를 올리고 싶은 마음이 솟아난다면 소임을 다하는 것이라 믿고 싶습니다. 하나님, 홀로 영광 받으소서!

2019년 1월 김기석

목차

무뎌지지 않게, 굼뜨지 않게 | 붙드소서
뚜벅뚜벅 주님 따라 | 길 잃고 잠들지 않게 하소서
생명의 십자가 | 보듬어 안게
그 아픔이 내 아픔 되게 하소서 | 연민과 연대
주님의 날개가 되어 | 의의 나무로
우리 삶은 든든합니다 | 건너편을 향해
다시 붙드는 고민 | 등 돌리지 않게 하소서
빛을 나르는 사람 | 더 나은 존재
성실함의 힘 | 사랑으로 승리하게 하소서
새로운 날갯짓 | 하나님의 셈법
사랑의 방향 | 사랑을 심는 것
세상의 희망이신 주님 | 더 강함을 믿습니다
욕망을 십자가에 못 박게 하소서 | 분단의 땅에 평화를
찢어진 곳을 잇게 하소서 | 평화를 주소서
타자를 위한 여백 | 부르신 이유
우리가 서야 할 자리 | 형제를 굳세게 하는 사람
다짐 | 주님처럼, 주님처럼
말이 타락한 시대를 위해 | 안개와 어둠을 뚫고

두려움과
욕망을 넘어

<u>3</u>

삶으로 드리는
아멘 159

1

주님,
어디로 가십니까?

하나님의 마음에
닿고 싶습니다

　　　　하나님, 비틀거리며 걸을지라도 기어코 하나님의 마음에 당도하는 사람들이 되고 싶습니다. 우리를 통하여 세상을 아름답게 바꾸어 주십시오. 우리가 걷는 길이 주님과 동행하는 길이 되게 하시고, 우리의 발걸음이 닿는 곳마다 평화와 생명이 새겨지게 하소서. 순례길에 나선 우리 마음속에 하나님을 향한 그리움이 사라지지 않게 도와주소서. 하나님을 바라보는 우리 눈빛이 욕망으로 흐려지지 않도록 우리를 꼭 붙들어 주소서. 아멘.

삶의
깊은 곳으로

　　　　　하나님, 리처드 바크의 갈매기를 생각해 봅니다. 높이, 빨리 날기를 꿈꾼 갈매기처럼 진리의 깊은 바다로 나아가지 못하고 그저 해안가에서 발만 구르며 살아가는 우리를 불쌍히 여기소서. 갈매기 떼처럼, 하구에 떠밀려 온 죽은 생선이나 탐하는 우리가 되어 버린 것은 아닌지요. 우리도 이 땅에 사는 동안 하나님의 깊은 마음 헤아리며 그 마음에 합한 사람들이 되게 도와주소서. 그래서 누군가를 진심으로 사랑하고 이해하고 공감하는 능력이 우리 속에서 더욱 자라게 하소서. 주님이 불러 주신 그 뜻대로 그렇게 세상의 빛과 소금 되어 살아가게 하소서. 아멘.

나는
아무것도 아닙니다

하나님, 이 세상에서 살아가기 위해 우리는 노력합니다. 그러다 뭔가 아름다운 성취를 이루게 되면 우리는 기뻐하고 감사했습니다. 그리고 시간이 지나면서 우리가 성취한 것들이 더욱 커졌을 때는, 마치 그것이 나의 능력 덕분인 양 스스로 교만에 빠지곤 했습니다. 그러나 주님은 우리를 일깨워 주십니다. "너는 아무것도 아니다, 너는 신이 아니다." 하나님, 이 말씀이 우리의 가슴을 비추는 빛이 되게 하소서. 열심히, 신명 나게, 아름답게, 멋지게 살되 우리의 작음을 늘 느끼며 살게 도와주소서. 하나님의 신비 앞에 엎드릴 줄 아는 겸허한 주님의 일꾼들 되게 하소서. 아멘.

용기 있는
인생

하나님, 시간과 공간 속에서 살아가는 일이 힘겹기만 합니다. 끊임없는 두려움이 우리를 사로잡습니다. 사람들 눈에 근사하게 보이기 위해 어떤 두려움도 없는 것 같은 표정을 짓기도 하지만, 우리의 내면 깊은 곳에는 새처럼 두려워 떠는 약한 자아가 있습니다. 하나님, 이제 정말 용기 있는 인생을 살고 싶습니다. 사람들 앞에서 큰소리치는 만용을 버리고, 우리에게 주어진 인생을 존재의 근원이신 하나님과 잇대어 당당하게 살도록 도와주소서. 우리 마음 가운데 오셔서 하늘의 기운으로 우리를 북돋아 주시고, 주님의 뜻 따라 살아감이 우리의 기쁨이 되게 하소서. 아멘.

하나님의
시간

하나님, 주님을 믿는다고 하면서도 우리는 주님의 방식에 따라, 주님의 시간에 맞추어 살지 못했습니다. 하나님이 우리 뜻을 따라 주시기만 바라며 살아왔습니다. 하나님, 그 때문에 우리가 힘을 잃고 만 것이 아닐는지요. 신앙이란, 편안한 삶만을 구하는 것이 아니라 힘겨울지라도 하나님의 뜻을 구하는 과정임을 믿습니다. 믿음 없는 우리를 불쌍히 여기소서. 이제는 진정 하나님이 기뻐하시는 일을 위해 우리의 몸과 마음을 바치며 사는 참 사람들이 되게 하소서. 아멘.

어질고
진실한 삶

하나님, 우리는 저마다 자신에게 주어진 삶의 자리에서 최선을 다하여 앞을 향해 나아갑니다. 그러나 문득 멈추어 서서 살아온 날들을 돌이켜 보면, 마음속 가득 허망한 느낌만 남을 때도 많습니다. 사회적으로 대단한 것들을 성취했을 때도 그 순간에는 기쁘지만, 마음속의 공허함은 몰아낼 수가 없었습니다. 하나님 아니고서는 채울 수 없는 깊은 구렁이 우리 마음속에 있음을 느낍니다.

세상 사람들이 제시하는 성공의 길로 나아가기 위해 아득바득하며 살지 않도록 도와주소서. 하나님이 우리를 부르신, 그 부르심의 상을 얻기 위해 기뻐하며 살아갈 수 있도록 동행해 주소서. 세상이 뭐라 이야기하든 하나님을 경외하며 사는 것, 어질고 진실하게 사는 것. 그것을 인생의 목표로 삼을 줄 아는 참 믿음의 사람들이 되게 하소서. 아멘.

날마다
아름다워지도록

하나님, 우리의 삶을 돌아봅니다. 남들보다 더 좋은 자리, 더 높은 자리에 가기 위해 노력하며 살았습니다. 그래서 다소나마 그런 성취를 이룬 이들도 있습니다. 남과의 경쟁에서 뒤처지지 않으려고 몸부림치며 살았습니다. 그러나 스스로 아름다운 존재가 되기 위한 노력은 게을리 하며 살았습니다. 그 때문에 우리의 마음속에 있는 빛은 점점 흐려지고 있음을 깨닫습니다. 우리 마음이 많이 어두워졌습니다. 주님, 긍휼히 여기소서. 하늘의 빛, 태초의 빛, 그 신령한 빛을, 우리의 내면에 비추어 주셔서, 주님을 닮은 아름다운 존재로 날마다 바뀌어 가도록 이끌어 주소서. 아멘.

혼자가
아닙니다

하나님, 분주한 일상 속에 살아가기에 우리는 삶의 의미를 묻지 않을 때가 많습니다. 그러나 문득문득 근원적인 외로움이 우리를 사로잡고는 합니다. 가장 가까이에 있는 사람들이 사실은 나와 동떨어진 사람들이라는 것을 느낄 때 우리 마음은 나락으로 떨어지는 듯합니다. 주님은 이 세상 사시는 동안 수많은 군중에 둘러싸이시곤 했지만 언제나 이해받지 못하는 외로움 속에서 사셨습니다.

그런데 주님은 말씀하십니다. "나는 혼자 있는 것이 아니다." 하늘 아버지가 늘 동행함을 아셨기에 주님은 끝끝내 하늘의 길, 사랑의 길을 걸어가실 수 있었습니다. 주님, 오늘 우리에게도 주님의 그 마음, 그 능력, 그 믿음을 허락하여 주소서. 아버지가 우리와 동행하고 계심을 삶 속에서 경험하며 살게 하소서. 아멘.

문득문득
근원적인 외로움이
우리를 사로잡고는
합니다.

주님,
아버지가 우리와
동행하고 계심을
삶 속에서 경험하며
살게 하소서.

빛과 희망의
통로로

하나님,

우리는 하나님을 믿는다고 장엄하게 고백하면서도,

삶으로 하나님을 부정할 때가 많았습니다.

우리야말로 양쪽 길 살피기에 익숙한 사람들이었습니다.

상황이 변하면 하나님을 외면하기 일쑤였습니다.

　　　불쌍히 여기소서.

　　　긍휼히 여기소서.

이제는 일어선 사람 되게 도와주시고

예수 그리스도가 앞서 걸어가신 그 길을 따라

뚜벅뚜벅 당당하게 남 눈치 보지 않고

걸어갈 줄 아는 참 사람이 되게 하소서.

그래서 우리를 통하여

이 어두운 땅에 빛이 도래하게 하시고,

절망에 가득 차 있는 사람들의 가슴속에

희망이 유입되게 하소서.

주님,

　　우리를 통하여 사람들에게

　　하늘의 사랑이 전달되도록 우리를 사용하여 주소서.

　　아멘.

주님,
어디로 가십니까?

주님, 주님은 우리를 보고 "너희는 내가 가는 그곳을 안다"라고 말씀하셨습니다. 그러나 우리는 마치 아무것도 모르는 양 "주님께서 가시는 길을 우리가 어떻게 알겠습니까"라는 말만 반복하며 살았습니다. 그러나 이제 말씀과 만나고 보니 주님이 가시는 그 길이 참, 명백합니다. 주님, 그 길을 따라 걸어갈 수 있는 생의 용기를 우리에게 허락하여 주소서. 그 길을 걸음으로써 우리의 내면에 자유가 깃들게 해주시고, 그 길을 걸음으로써 우리 속에 사랑의 샘물이 터져 나오게 해주시고, 그 길을 걸음으로써 우리 속에 평화의 따뜻함이 깃들게 하소서. 아멘.

주님의 몸인
우리

주님, 나귀를 타고 끄덕끄덕 에루살렘을 향해 나아가시는 예수님의 모습을 봅니다. 군중은 환호했지만 주님은 외로우셨습니다. 주님을 외롭게 만든 것은 바로 우리들입니다. 주님의 마음 알아드리지 못하고 허망한 열정에 들떠 살아가고 있기 때문입니다. 주님은 우리의 죄를 짊어지시고 저 고난의 언덕을 넘고 계시는데, 우리는 주님으로 인하여 누리게 될 영광만 바라보고 살았습니다. 부끄럽습니다. 우리가 주님의 몸인 교회임을 이제는 잊지 않겠습니다. 우리와 함께해 주소서. 아멘.

참 생명으로
살고 싶습니다

하나님,

　　　살았다 하나 죽은 자가 있는가 하면

　　　죽은 것처럼 보여도 영원히 살아있는 생명도 있음을

　　　우리가 보았습니다.

　　　우리는 산 자의 땅에 살고 싶습니다.

　　　참 생명으로 살고 싶습니다.

　　　이 땅에 사는 동안 사랑을 배우고 익힌

　　　사람 되어 살고 싶습니다.

그래서 마침내 주님의 십자가의 능력을 깨닫고

주님의 부활에 동참하기를 소망하오니,

주님, 늘 우리 안에 거하여 주소서.

　　　아멘.

생명 일렁이는
세상

하나님,

　　당신은 세상을 참으로 아름답게 창조하셨습니다.

　　창조하신 세상을 보며 참 좋다 하셨습니다.

　　그러나 인간의 탐욕으로 인해 세상에 폭력이 가득 차고

　　사람들의 마음이 부패하는 것을 바라보시면서

　　사람 지은 것을 후회하셨습니다.

오늘 우리가 살고 있는 세상을 보면 마음이 어떠하십니까.

우리의 귀가 열려 하나님의 한숨 소리를 듣게 도와주소서.

그리고 하나님이 기뻐하셨던,

　　생명이 일렁거리는 새 세상 만들기 위해

　　분투하고 노력하는 우리가 되게 하소서.

　　아멘.

세상을
품게 하소서

하나님, 우리는 어두운 세상을 바라보면서 하나님께 여쭙곤 했습니다. "살아계신 하나님, 왜 세상이 이렇게 어둡습니까. 하나님, 개입하여 바꾸어 주소서." 그런데 주님은 우리에게 말씀하십니다. 그 어두운 세상을 빛으로 바꾸라고, 내가 너를 만들었다고 말입니다. 주님, 우리는 그 말씀을 모른 척하며 오늘까지 살아왔습니다. 그 때문에 세상은 이렇게 전장으로 변하고 말았습니다. 주님, 우리를 주님의 손과 발로 삼아 이 냉랭한 세상을 따뜻하게 품어 안아 주소서. 아멘.

따뜻한 사람 되게
하소서

자비로우신 하나님, 하나님의 형상대로 우리를 지어 주셨건만, 이 덧거친 세상에 사는 동안 우리 마음은 그만 거칠고 황폐하게 변해 버리고 말았습니다. 누군가를 진심으로 보듬어 안고, 사랑의 시선으로 바라보고, 그를 위해 눈물 흘리는, 그 따뜻한 속사람들이 저만치 사라졌습니다. 거칠기 이를 데 없는 자아만이 난무하는 세상입니다.

하나님, 우리를 불쌍히 여기소서. 그래서 우리도 그리스도처럼 상한 갈대도 꺾지 않고 꺼져 가는 심지도 끄지 않는 그런 따뜻한 사랑의 사람들이 되게 하소서. 세상이 냉랭하다고 원망만 하지 말게 하시고 세상의 냉랭함을 따뜻하게 녹여내는 사람들이 되게 하소서. 아멘.

주님께서
다스리십니다

     주님, "주님께서 다스리신다"는 말씀이 큰 울림으로 몰려옵니다. 주님, 그렇습니다. 세상을 창조하신 하나님이 세상을 다스리십니다. 세상이 잠시 잠깐 어두운 듯 보여도 빛이 어둠을 이길 것을 우리는 믿습니다. 우리에게 주어져 있는 일련의 삶이 비록 광야 길이라 해도 구름기둥 불기둥으로 인도하시는 주님, 마련해 놓으신 기쁨에 우리를 기어이 동참시키시는 주님, 그런 주님을 바라보고 나아가겠습니다. 늘, 언제나, 우리의 삶에 동행해 주소서. 아멘.

이 땅을
물들이게 하소서

　　　　주님, 주님은 당신을 정성스럽게 영접했던 아브라함을 두고 이렇게 말씀하셨습니다. "우리가 하려는 일을 아브라함에게조차 숨기겠느냐." 주님, 주님은 사랑하는 이들에게 주님의 비밀을 일깨워 주시면서 그 일에 동참하기를 원하십니다. 우리도 주님 덕분에 하나님의 비밀, 그리스도의 비밀을 아는 사람이 되었습니다. 이제는 "내가 세상을 이겼노라" 하신 주님과 더불어 이 땅을 주님의 꿈으로 물들이며 살아가게 하소서. 아멘.

햇살 한 줌의
삶

주님, 찬바람 부는 마당에 나가면, 누가 시
킨 것도 아닌데 사람들은 저마다 햇빛이 비치는 장소에 가 서
있습니다. 그늘진 땅이 주는 음습함을 이겨내기 위함입니다.
이 세상에는 그늘진 땅에 살고 있는 사람들이 얼마나 많은지
요. 그들은 햇살 한 줌이 그들에게 비춰들기를 간절히 소망합
니다. 가장 어두웠던 갈릴리, 그 가운데서도 가버나움 바로 그
곳이야말로 주님이 머무셔야만 했던 장소임을 깨달았습니다.
오늘 우리가 살고 있는 세상이 겨울의 한복판처럼 을씨년스럽
지만, 우리 모두가 누군가에게 햇살 한 줌이 되는 삶 살아가도
록 인도하소서. 아멘.

초대받은
자

주님,
세상에 있는 모든 사람들이 다 행복을 추구합니다.
우리도 행복을 추구하는 사람들입니다.
그런데 나 자신의 행복만을 위해 질주하다 보니

우리가 살고 있는 세상을
그만 난장판으로 만들어 버렸습니다.
그 속에서 우리는 인정의 황무지를 경험합니다.
냉혹한 세상이 되었습니다.
영혼이 사라진 듯 무자비한 사람들이
넘치는 세상이 되어 버리고 말았습니다.
우리는 때때로 하나님을 원망했습니다.

하나님이 왜 개입하시지 않느냐고.
그러나 주님은 우리에게 말씀하십니다.

　　　"나는 너희와 더불어 아름다운 세상을 만들고 싶다."
　　　그 아름다운 초대, 감사합니다.

이제는 우리가 사는 곳 어디에서나 마음 시린
누군가에게 난로와 같은 사람이 되고자 결단합니다.
하나님, 우리의 내면에 주님을 향한
사랑의 불꽃이 꺼지지 않게 도와주소서.
그 사랑을 가지고 이웃들을 향해
나아가는 주님의 일꾼들 되게 하소서.
　　　아멘.

광야 길이라
해도

하나님, 당신을 믿는다 하면서도 우리의 믿음은 얼마나 연약한지요. 좋은 일이 있으면 기뻐하다가도 자그마한 시련이 찾아와도 비틀거리며 어찌할 바를 알지 못하는 우리들입니다. 하나님, 우리에게 진리에 대한 목마름을 주소서. 진리를 향한 굳건한 신뢰의 마음을 주소서. 넘어진 자리를 딛고 일어나 기어코 하나님이 부르신 그 세계를 향해 길 떠나는 용기를 허락하여 주소서. 우리가 걷는 길이 지름길도 아니고 사람들이 깔아 주는 꽃길도 아니고 그 길이 척박한 광야 길이라 해도, 그곳에서 우리를 만나 주시는 하나님 덕분에 감사하며 살아가는 우리 모두가 되게 하소서. 아멘.

무뎌지지 않게,
굼뜨지 않게

주님, 우리는 세상이 어둡다고 말하면서도 스스로 등불 하나 밝혀 들지 못하는 무지하고 어리석은 사람들이었습니다. 세상이 왜 이 지경이냐고 불평하면서도, 삶을 통하여 세상에 생명과 평화의 씨앗을 심는 일에는 무디고 굼뜬 사람들이었습니다.

주님은 우리들이 생명과 평화의 파종자가 되어 살기를 원하십니다. 우리가 살고 있는 세상은 날마다 평화로부터 멀어지고 있습니다. 그것은 다른 누구도 아닌 우리의 책임임을 마음 깊이 명심하도록 도와주소서. 평화가 무너지고 있는 세상, 생명이 속절없이 유린되고 있는 세상에 생명과 평화의 씨를 심는 그런 믿음의 사람들로 변화되도록 이끌어 주소서. 하나님, 우리를 버리지 마소서. 이 민족을 포기하지 마소서. 분쟁의 땅이기에, 바로 이곳에서 세상을 향한 평화의 샘물이 솟아나고, 세상 곳곳으로 흘러가는 그날이 속히 오게 하소서. 아멘.

붙드소서

주님, 이 땅에 사는 동안 우리는 정말 속절없이 세상에 끌려 다니며 삽니다. 마음속으로는 하늘을 바라보며 살고 싶다는 꿈을 꾸지만, 현실의 장벽 앞에서 언제나 우리는 추락하고 맙니다. 그러나 주님은 그런 우리를 못났다고 책망하지 않으시고 다시 한 번 일깨워 그 길 가도록 해주십니다. 감사합니다, 주님. 자꾸만 넘어지고 비틀거린다 할지라도, 우리가 마땅히 지향해야 할 삶을 잃어버리지 않을 수 있도록 우리를 붙들어 주소서. 아멘.

뚜벅뚜벅
주님 따라

하나님, 말씀에 비추어 우리의 삶을 돌아봅니다. 우리의 실상과 관계없이 세상 사람들이 우리를 칭찬하면 우리는 흐뭇해합니다. 그러나 사람들이 우리를 비난하거나 손가락질하면 마치 큰일이라도 난 것처럼 어쩔 줄 몰라 합니다. 세상 사람들의 눈길은 의식하면서도 하늘 아버지의 눈길은 의식하지 못하며 살았던 우리들입니다. 세상이 우리에게 주는 생기로운 것들에 마음을 빼앗기면서도 하늘이 우리에게 주는 생기, 성령은 외면하며 살았습니다. 긍휼히 여기소서, 주님. 십자가의 길이 생명의 길임을 한순간도 잊지 않고, 주님이 앞서가신 그 길 따라 뚜벅뚜벅 세상을 돌파해 나가는 우리가 되게 하소서. 아멘.

길 잃고
잠들지 않게 하소서

하나님, 아름다운 봄 햇살이 비치면 때로 춘곤증을 느낍니다. 우리의 인생을 돌이켜 보면 잠시 동안 깜빡깜빡 조는 것이 아니라, 주님의 길을 알지 못한 채 아예 잠들어 살고 있는 것 같습니다. 욕망이 우리의 마음을 흐리게 만듭니다. "왜들 자고 있느냐." 주님의 이 말씀이 우렁우렁 우리의 가슴에 들려옵니다. 주님, 이 시대를 분별할 수 있는 지혜를 우리에게 허락하여 주소서, 눈물을 흘리면서라도 주님의 뒤를 따라 나가 영생에 이르는 우리가 되게 하소서. 아멘.

생명의
십자가

하나님, 사는 게 힘겨운 사람들이 있습니다. 남들처럼 풍부하지는 않더라도 큰 염려 없이 살고 싶은 소박한 꿈은 늘 깨어지곤 합니다. 그렇게 밀리고 밀리다 결국 벼랑 끝에 선 사람들은 죽음에 매혹당하기도 합니다. 그래서 우리 시대는 죽음의 시대이면서 죽임의 시대가 되었습니다. 주님은 그 죽음과 죽임을 당신의 몸속에 짊어지시고 그것을 넘어섬으로써 생명의 세상을 열어 보여주셨습니다. 그리스도의 십자가를 함께 지지 않고는 그리스도의 생명 또한 우리 속에 나타날 수 없음을 깨닫습니다.

주님, 부활하신 주님의 은총의 빛을 우리 가슴에 가득 채우셔서 우리 또한 어두운 세상에 한 점 불빛이 되도록 역사하여 주소서. 아멘.

보듬어
안게

하나님, 그 놀라운 이름을 잊었을 때 우리의 삶은 어두웠습니다. 세상도 어두웠습니다. 그러나 그 놀라운 이름을 기억 속에 떠올렸을 때 세상이 문득 환해졌습니다. 우리의 내면에 빛이 없었습니다. 그러나 주님 오시는 순간 우리의 마음이 밝아집니다. 세상 사는 동안 우리가 부활의 증인 되어 살도록 도와주시고, 주님의 손과 발 되어 누군가를 일으켜 세우고 붙들어 주고 보듬어 안는 사랑의 삶 살게 하소서. 아멘.

그 아픔이
내 아픔 되게 하소서

하나님, 우리는 모두 평화를 원합니다. 안식을 원합니다. 그러나 이 땅에 사는 동안 우리의 마음은 평화롭지 못합니다. 우리의 마음은 언제나 거친 호흡으로 세상을 떠돌고 있습니다.

주님, 이런 세상에서 우리가 하나님의 마음을 느낄 수 있도록 도와주소서. 하나님의 아픔을 우리도 아파할 수 있도록 도와주시고, 하나님의 눈길이 머무는 곳에 우리의 눈길 또한 머물게 하소서. 하나님을 믿는다 하면서도 바알을 섬기고 있는 것은 아닌지 돌아보게 하소서. '하나님이 통치하시는 세상'이라는 꿈을 이루기 위해 오늘도 땀 흘리는 우리 모두가 되게 하소서. 아멘.

연민과
연대

하나님, 누군가가 우리를 위해 밝혀 놓은 등불 하나 때문에 우리는 낙심하지 않고 살 수 있었습니다. 그러나 험난한 세상 사는 동안 많은 상처를 입다 보니, 온몸과 마음이 마비된 사람처럼 주어진 삶의 자리에 그저 드러누워 버리고 말았습니다. 주님은 우리에게 일어나라 말씀하십니다. 우리도 이제 일어나서 주님이 계신 그 자리로 나아가고 싶습니다.

우리에게 힘과 능력 더해 주셔서 마음속에 갇혀 있었던 사랑의 마음이 샘솟듯 솟구쳐 나오게 도와주소서. 아파하는 사람들의 삶의 자리로 나아가는 믿음의 용기를 허락하여 주소서. 아멘.

주님의
날개가 되어

하나님, 우리는 모두 행복을 꿈꾸면서도, 스스로 행복으로부터 멀리 떨어진 삶의 자리에 처할 때가 얼마나 많은지요. 그런데 세상에는 정말 거룩한 사람들이 있습니다. 연약해진 사람, 아파하는 사람 곁에 다가가 그들을 사랑으로 품어 안는 사람들 말입니다. 주님은 바로 그러한 사람들을 통하여 이 땅에 도래하고 계십니다. 주님을 믿는다고 고백하는 우리들도, 주님의 날개가 되어 고통 받는 사람들을 품게 하소서. 이 땅에 봄을 가져오는 사람들이 되게 하소서. 아멘.

의의
나무로

하나님,

불의한 세상에 의의 나무로 우뚝 서게 하소서.

어둠의 땅에 빛의 나무가 되어 서게 하소서.

황량한 땅에 초록의 바람을 일으키는 나무 되어 서게 하소서.

주님이 함께하시니 우리는 할 수 있습니다.

우리를 통해 이 땅에 하나님의 영광과 빛을 드러내 주소서.

아멘.

우리 삶은
든든합니다

　　　　　자비로우신 하나님, 오늘 우리의 삶은 척박한 땅을 걷는 것처럼 외롭고 고독하고 고통스러울 때가 많습니다. 그럴 때마다 우리는 하나님 앞을 떠났고, 하나님의 낯을 피하여 세상을 방황하기도 했습니다. 우리는 신실함이 없었습니다. 그러나 하나님은 한결같은 사랑으로 우리에게 다가오시고, 우리의 고통스러운 삶의 자리에서 오히려 기쁨의 샘물이 터져 나오게 해주십니다. 하나님을 믿기에 우리의 삶이 든든합니다.

이제는 우리에게 주어져 있는 인생을 아름답고 멋지게 살도록 도와주시고, 살아 숨 쉬는 순간순간이 하나님을 향한 예배가 되게 하시고, 우리 자신을 이웃들에게 선물로 주는 나날이 되게 하소서. 아멘.

건너편을
향해

하나님, 언제나 우리는 호수의 주변만 맴돌며 지내고 있었습니다. 저 건너편에서 손짓하여 우리를 부르시는 주님을 보면서도 두려워서 감히 그길로 나아가지 못했습니다. 그 때문에 우리의 믿음은 늘 초보적인 자리에만 머물러 있었습니다. 이제부터는 용기를 내 건너편을 향해 나아가기를 원합니다. 주님의 사랑에 이끌려 우리의 몸을 던지며 살기를 소망합니다. 세상 사는 동안 사랑의 씨앗, 평화의 씨앗, 생명의 씨앗 심으며 사는 보람을 늘 느낄 수 있도록 함께해 주소서. 아멘.

다시 붙드는
고민

하나님, 우리는 아름답고 멋지고 든든한 사람으로 살아가고 싶지만, 세상의 작은 물결만 만나도 일렁이게 되는 어리석은 사람들입니다. 어떤 일을 해야 할지, 무엇을 소유해야 할지, 누구와 만나야 할지 늘 고민하며 살지만 가장 본질적 질문인 우리가 어떤 사람이 되어야 할지에 대한 고민은 내려놓고 살 때가 많았습니다. 하나님, 우리를 새로운 존재, 그리스도를 닮은 사람이 되게 해주소서. 우리의 내면에서 스며 나오는 빛이 하나님의 살아계심에 대한 증언이 되게 도와주소서. 아멘.

등 돌리지 않게
하소서

하나님, 우리는 언제나 기뻐하고 웃는 일이 많아지길 소망합니다. 그러나 살다 보면 어쩔 수 없는 어둠이 우리를 찾아올 때도 있고 비통하게 울 수밖에 없는 날도 찾아옵니다. 하지만 하나님을 깊이 신뢰하며 사는 사람은 어둠 속에서도 빛을 발견할 수 있음을 믿습니다. 난감한 상황 속에서도 벗어날 수 있는 길을 주님은 열어 주십니다. 많이 기뻐하고 감사하며 살게 도와주시고, 설사 어려움이 찾아온다 할지라도 어려움 때문에 주님께 등 돌리는 것이 아니라 어렵기에 더욱더 하나님 의지하고 나아가게 해주소서. 그래서 마침내 우리가 상상한 것보다 더 밝은 빛 앞에 설 수 있도록 복 내려 주소서. 아멘.

빛을 나르는
사람

주님,

　　　평화 없는 세상,

　　　사랑 없는 세상,

　　　정의 없는 세상에 사느라고 우리는 지쳤습니다.

그래서 마땅히 가야 할 길을 잃고

살아가는 사람들이 되었습니다.

주님,

　　"나는 세상의 빛이다" 하신 주님의 말씀을
　　가슴에 품고 이제는 주님의 그 빛을 세상에 나르는
　　사람들이 되고 싶습니다.

우리가 머무는 곳 어디에서나
주님 계신 곳에서 벌어졌던
사랑의 역사가 나타나도록 우리를 붙들어 주소서.
　　　아멘.

더 나은
존재

　　　　자비로우신 하나님, 우리의 마음 깊은 곳에 숨겨져 있는 더럽고 추한 마음을 주님 앞에 내놓습니다. 더럽다 아니하시고 고쳐 주시고 온전케 해주시는 주님의 은총 앞에 우리 자신을 내놓습니다. 우리를 받으셔서 안아 주시고 주님 안에서 새로운 사람으로 빚어 주소서. 그래서 이 땅에서 살아가는 동안 이전보다 더 나은 존재가 되어 살게 하소서. 그런 우리의 모습이 하나님께는 영광이요, 이웃들에게는 덕이 되게 도와주시고, 스스로 복 받은 인생 되도록 이끌어 주소서. 아멘.

성실함의
힘

하나님, 저마다 선 자리에서 주님이 시키시는 일 성실하고 올곧게 감당하는 사람들을 보면 마음에 감동이 일어납니다. 세상 사람들이 흠모할 만한 것이 보이지 않더라도, 희미해 보일망정 빛을 밝히는 사람들이 있어 혼돈의 세상은 그런대로 살 만한 곳으로 바뀌어 갑니다. 우리를 부르신 뜻이 어디에 있는지 늘 여쭙게 도와주시고, 우리에게 주어져 있는 일상적 삶의 자리에서 할 수 있는 한 작은 등불 하나라도 밝히는 마음으로 살아가도록 우리를 꼭 붙들어 주소서. 아멘.

사랑으로
승리하게 하소서

하나님, 땅의 현실만 바라보면 우리의 마음
에 어둠이 깃들 수밖에 없습니다. 세상이 제아무리 혼돈스럽
다 해도 하늘을 바라보게 도와주시고, 세상을 섭리하시고 운
행하시는 하나님의 신비한 은총을 늘 마음속에 새기며 살게
해주소서.

우리의 마음속에 구정물과 같은 더러운 것들이 흐르고 있지는
않습니까. 생명을 산출할 수 없는 죽은 물이 우리의 가슴을 채
우고 있지는 않습니까. 불쌍히 여기시고 우리 속에 생수의 강
이 흘러넘치도록 도와주소서. 순례의 여정을 걷는 동안, 우리
모두 주님을 닮은 사람들이 되기 원합니다. 거친 세상에서 사
랑으로 승리하는 사랑의 승리자들이 되게 하소서. 아멘.

새로운
날갯짓

　　　하나님, 알 속에 갇혀 있던 생명은, 때가 되면 알을 깨고 나와 날개 달린 존재가 되어 하늘을 납니다. 그러나 우리는 늘 이와 같이 언제나 자아의 한계에 갇혀 있습니다. 우리의 못난 모습 깨뜨려 주시고 하늘에 속한 새로운 사람으로 날갯짓하며 세상을 날아오르도록 우리를 이끄소서. 우리를 불러 주신 주님의 그 멋진 세계를 향하여 우리 몸과 마음을 온전히 바치며 살 수 있도록 늘 동행해 주소서. 아멘.

하나님의
셈법

       하나님, 하나님을 믿는다 하면서도 우리는 하나님의 셈법을 따라 살지 못하고, 악마가 우리에게 속삭이는 셈법을 따라 사는 때가 얼마나 많았는지요. 이제부터는 정말 조금씩 조금씩이라도 하나님의 셈법을 따르는 새 사람들이 되고 싶습니다. 누군가를 위해서, 또 이 역사를 위해서 우리 자신을 선물로 내어 주며 사는 참 사람들이 되게 도와주소서. 아멘.

사랑의 방향

하나님, 세상이 어지럽다고 늘 투덜거리며 살았습니다. 그런데 가만히 보니 그 투덜거리는 세상은 우리가 만든 세상이었습니다. 하나님을 진실로 사랑하지 못하고 이웃을 진실로 사랑하지 못하고 우리는 엉뚱한 것들을 사랑했습니다. 자기를 사랑하고 돈을 사랑하고 쾌락을 사랑했습니다. 이것이 결국 전도된 세상을 낳았음을 뒤늦게 깨닫곤 합니다.

이제는 우리의 사랑의 방향이 올바로 정립되기를 소망합니다. 하나님을 마음의 중심에 모시고 살기를 원합니다. 그 마음으로 이웃들을 진실로 사랑하며 살기를 원합니다. 부족하고 허물 많은 우리를 용서하시고 그런 사랑의 사람으로 거듭나게 도와주소서. 아멘.

사랑을 심는 것

하나님,
우리가 바라는 아름다운 세상은
저절로 오는 것이 아님을 압니다.
그 세상은 누군가가 자신의 안일한 삶을 깨뜨리고 나아가
아름다운 세상에의 꿈을 다른 이들에게 파종함으로써
다가옴을 믿습니다.

하나님,
하나님의 일꾼으로 부름 받은 우리들이 바로 그렇게,
평화와 사랑과 정의를 이 땅에 파종할 수 있도록 힘을 주소서.
척박한 이 땅에 평화와 사랑을 심는 것이
우리에게 주어진 소명임을 한순간도 잊지 않도록
우리와 함께해 주소서.
아멘.

세상의 희망이신
주님

하나님, 세상을 바라보며 낙심할 때가 얼마나 많았는지요. 그러나 주님은 절망적인 이 세상을 바라보며 낙심하지 않으셨습니다. 주님은 스스로가 희망이 되어 이 세상에 오셨습니다. 그 길을 앞서가신 주님이 우리에게 "내가 바로 세상의 희망"이라 말씀하십니다. 이 말씀 붙들고 세상에 나아가 주님의 빛과 소금으로 살겠습니다. 부족한 우리를 불쌍히 여기시고 우리의 발걸음이 힘차게 진행되도록 항상 붙들어 주소서. 아멘.

더 강함을
믿습니다

하나님, 절망의 어둠이 제아무리 우리를 삼키려 해도 부활하신 주님의 희망 빛이 더욱더 밝음을 믿습니다. 세상을 혼돈으로 몰아가려는 사람들이 제아무리 많아도 이 땅에 질서를 창조하시고 사랑을 심으시려는 하나님의 의지가 결국 승리함을 믿습니다. 하나님, 십자가에 달린 자를 조롱하는 무리의 고성이 도처에서 들려오지만 그들을 용서하려는 주님의 힘이 더욱더 강함을 믿습니다. 사랑의 궁극적인 승리를 믿습니다. 부활하신 주님과 더불어 우리 또한 궁극적인 승리의 삶을 향하여 한 걸음 한 걸음 나아가게 도와주소서. 아멘.

욕망을 십자가에
못 박게 하소서

하나님,

바울은, 그리스도 예수께 속한 사람은 정욕,

욕망과 함께 자신의 육체를 십자가에 못 박았다고

가르쳐 주었습니다.

1년 내내 우리가 정욕과 욕망을

십자가에 못 박으며 살게 도와주소서.

하나님이 우리 속에 채워 주시는 성령을 통하여

사랑과 기쁨과 화평과 인내와 친절과 선함과 신실함과

온유함과 절제함의 열매를 맺게 하소서.

아멘.

분단의 땅에
평화를

지금 여기에 이르기까지 우리를 지키시고 보호해 주신 주님께 감사드립니다. 살아온 날들을 돌아보면 아픔과 슬픔 그리고 고뇌와 수치스러움이 우리의 삶을 가득 채우고 있습니다. 그러나 주님이 그 아픔과 수치의 자리를 기쁨과 감사의 자리로 바꾸어 주셨습니다. 지금까지 그러셨듯이, 앞으로도 주님이 우리를 인도해 주실 것을 믿기에 감사와 영광을 주님 앞에 돌립니다. 한반도에 불고 있는 훈풍이 삭풍으로 바뀌지 않도록 이끌어 주시고, 이 분단의 땅이 세계 평화를 위한 아름다운 묘판이 되도록 인도하여 주소서. 아멘.

찢어진 곳을
잇게 하소서

하나님, 세상은 여러모로 분열되어 있습니다. 우리의 가슴도 가만히 들여다보면 이렇게 저렇게 금가고 찢긴 상처로 가득 차 있습니다. 누군가가 건드리기만 해도 와르르 무너져 내릴 것처럼 우리는 허약하게 변했습니다. 그러나 하나님은 그런 우리 마음을 치유해 주십니다. 스테인드글라스에 비친 빛이 아름답고 영롱한 무늬를 만들듯이, 찢겨진 우리 마음에 은총의 햇살 비추어 우리를 새로운 존재가 되게 하십니다. 우리는 저마다 다르지만 그 다름을 통해 더 큰 날을 만들라고 부름 받았습니다. 주님이 우리를 하나 되게 하신 것처럼, 우리도 세상에 나아가 찢긴 세상 기우며 살게 하소서. 아멘.

평화를
주소서

하나님,
평화가 위태로운 나라에 살고 있기에,
우리는 평화를 더욱더 절실하게 구하지 않을 수 없습니다.
평화, 그것은 하나님의 마음에서부터
비롯되는 것임을 배웠습니다.

하나님의 마음과 하나님의 꿈을 가슴에 품고,
    더 나은 세상 이루기 위해 땀 흘리는
    우리 모두가 되게 하여 주소서.
믿는 사람들을 통하여 의의 나라가 이 땅에 임하도록 하는 것,
바로 그것이 하나님의 꿈인 줄을 믿사오니
우리를 통하여 그 꿈 이 땅에서 이루어 주소서.
    아멘.

타자를 위한
여백

자비로우신 하나님,

거친 세상에 살다 보니 우리의 마음은 점점 옹색해져서,

다른 사람들을 위한 여백 하나 없이 살게 되었습니다.

타자들을 위한 여백이 없기에

하나님을 위한 여백 또한 없는 삶을 살아가고 있습니다.

이런 우리를 불쌍히 여기소서.

우리의 마음 넓혀 주소서.

우리 속에 있는 더러운 것,

편협한 것,

모두 거두어 주소서.

우리 마음 넓히시고 맑히시어,

주님 모시고 이웃 품고 살아가는 넉넉한 사람들이

되게 하소서.

아멘.

부르신 이유

하나님, 우리는 늘 나와 내 가족 주변만을 맴도는 어리석고 속좁은 인생들입니다. 그러나 주님은 우리에게 새로운 정체성을 허락해 주시면서 "나는 너를 믿는다. 나는 너를 통하여 이루려고 하는 역사가 있다" 말씀하셨습니다. 이것이 우리를 성도로 불러 주신 이유입니다. 그 부름에 합당하게 살아 하나님 나라 확장하는 일에 귀하게 쓰임 받게 하소서. 아멘.

우리가
서야 할 자리

　　　　　　하나님, 하나님을 믿어 온 지 여러 해가 되었
습니다. 믿은 지 얼마 되지 않은 이들도 있고, 일평생 동안 주
님을 믿어 온 이들도 있습니다. '탕자의 비유' 말씀에 비추어
우리 스스로를 돌아보면, 때때로 둘째 아들처럼 대답은 시원
하게 '예' 하지만 삶 속에서는 아버지의 뜻을 거스르며 살았던
것 아닌가 생각합니다. 부끄럽습니다. 그럼에도 불구하고 우
리를 자녀로 삼으시고 끝없이 인내하는 사랑으로 우리를 불러
주시는 주님의 사랑에 감사합니다. 이제는 주님이 사랑하시는
그들을 사랑하며 살겠습니다. 이제는 주님이 맞서 싸우려고
하셨던 것들과 맞서 싸우겠습니다. 도와주소서. 아멘.

형제를
굳세게 하는 사람

하나님,

상처투성이인 우리의 마음,

죄로 얼룩진 우리의 마음, 때 묻은 우리의 마음,

부끄럽지만 주님 앞에 내놓습니다.

닦아 주시고 온전케 해주셔서

주님의 그 선율을 노래하는 새 사람들이 되게 하소서.

"너희가 돌아오거든 네 형제를 굳세게 하라"는

말씀 붙들고 살겠습니다.

주님, 우리가 세상 앞에 보여지는

희망의 표징이 되게 하소서.

아멘.

다짐

하나님,
어둠이 지극한 세상에 등불 하나 밝히는
마음으로 살겠습니다.
평화가 없는 세상에 평화의 씨를 심으며 살겠습니다.
죽임의 문화가 지배하고 있는
세상에 생명의 숨결 불어넣고자 애쓰며 살겠습니다.

주님, 우리와 함께하소서.
아멘.

주님처럼,
주님처럼

자비로우신 하나님,
자격이 없는 우리를
주님이 그렇게 사랑해 주시는 까닭이 무엇인지
이제는 알았습니다.

사랑 그 자체가 목적이 아니라,
우리가 성장하여 그리스도와 같이 성숙하기를
주님은 바라고 계십니다.
그런 주님의 바람에 우리는
한없이 부족한 사람들이었습니다.

그러나 이제는

아파하고 회개하며 주님 앞에 섰습니다.

불초(不肖) 신자의 자리를 박차고 일어나

　　　주님 닮은 사람,

　　　주님처럼 사는 사람이 되고 싶습니다.

우리를 붙드시고

우리를 주님 안에 머물게 하소서.

　　　아멘.

말이 타락한
시대를 위해

하나님, 세상 사는 동안 우리 마음은 알지 못하는 사이에 참 많이 멍들었습니다. 그래서 조그마한 자극이 가해져도 비명부터 질러댑니다. 상처 많은 우리 마음은 날카롭게 변했고, 그 때문에 다른 사람들을 찌르는 말을 하기도 했습니다. 이러한 우리를 불쌍히 여겨 주소서. 이제부터는 타인들의 상처를 가슴에 품어 안는 넉넉함이 우리 가슴에 넘쳐나게 하소서. 말이 타락한 시대에 살고 있지만, 우리는 하나님의 말씀에 육신을 부여하는 성육신의 삶을 살아낼 수 있도록 도와주소서. 자비하신 주님, 진실한 말, 따뜻한 말, 사랑하는 말 하며 살 수 있도록 우리를 인도하여 주소서. 아멘.

안개와
어둠을 뚫고

하나님, 어둠과 안개가 우리의 눈을 가려 마땅히 보아야 할 것을 보지 못할 때가 얼마나 많았는지요. 욕심의 안개, 두려움의 어둠을 우리 속에서 거두어 주시고, 우리의 두 발로 대지를 딛고 평화를 향하여 뚜벅뚜벅 걸어갈 수 있는 용기를 주소서. 이 땅의 교회가 역사 발전에 걸림돌이 되지 않게 해주시고, 하나님 나라를 선구하는 아름답고 멋진 역사 이루어 내도록 도와주소서. 아멘.

2

두려움과
욕망을 넘어

하나 됨의
용기

하나님, 가르고 나누는 일에 익숙한 세상에 살다 보니, 우리도 사람들을 대할 때 따뜻한 시선으로 보기보다는 차가운 눈으로 평가할 때가 많았습니다. 내 눈에서 티끌을 보지 못하고 형제자매의 눈에서 티끌을 빼내겠다고 말하는 것이 우리의 삶이었습니다. 참으로 못난 사람들이지만, 하나님은 실망치 아니하시고 여전히 우리를 당신의 길로 인도해 주십니다. 감사합니다. 우리가 하나님의 백성이기에 우리는 꿈이 있습니다. 우리는 실패해도 하나님은 실패하지 않으심을 믿기에 우리는 용기백배하여 살아갑니다.

하나님, 우리에게 하나 됨의 용기를 허락하여 주소서. 우리의 존재 전체를 하나님 기뻐하시는 뜻대로 사용하여 주소서. 평화 없는 세상에서 평화를 만드는 데 사용하여 주시고, 생명이 짓눌리고 있는 세상에서 생명을 되살리는 일에 사용하여 주시고, 서로 불화하는 세상에서 화해의 역사를 일으키는 일에 사용하여 주소서.

우리에게 필요한 게 무엇인지 주님은 우리보다도 더 잘 아십니다. 물질적인 어려움을 겪고 있는 이들, 육체의 아픔을 겪고 있는 이들, 풀리지 않는 인간관계 때문에 힘들어하고 있는 이들, 그리고 어디로 가야 하는지 알지 못해 방황하는 이들, 이들 모두를 주님의 진리의 빛으로 인도해 주소서. 우리들이 세상의 평화가 되어 살게 하옵시고, 우리의 있음 그 자체가 주변 사람들의 복이 되도록 역사하여 주소서. 하나님이 우리에게 주신 복에 감사하며 그 복의 통로가 될 것을 믿고 또 감사드립니다. 아멘.

슬픈 마음 있는
사람

하나님, 성경 말씀을 읽다가 야곱이 요셉에게 말하는 "내가 너의 얼굴을 보다니"라는 구절 앞에서 그만 고개를 깊이 떨굴 수밖에 없었습니다. 세상에는 이렇게 그리움을 가슴에 안고 사는 사람들이 많습니다. 다시 만날 기약이라도 있는 사람들은 소망을 갖고 삽니다. 그러나 만날 기약조차 없어 고통 받고 있는 사람들이 얼마나 많은지요. 하나님은 이 세상에 있는 그 고통 때문에 오늘도 숯검댕이 가슴이 되어 아파하시는 줄 압니다. 그 마음의 아픔, 그 마음의 시림, 우리가 덜어드릴 수 있도록 이끌어 주소서. 아멘.

선한 것을
지키게 하소서

하나님, 얼굴빛 환한 사람 만나면 우리의 마음도 환하게 열립니다. 언어가 따뜻하고 다정한 사람 만나면 우리의 마음도 부드러워집니다. 밝고 친절한 몸짓으로 사람을 대하는 사람을 만나면 우리의 마음에 꽃이 피어나는 듯합니다. 그러나 우리는 그런 이들과 만나는 것만을 기뻐할 뿐, 우리 자신이 그러한 사람이 되어야 함을 망각할 때가 얼마나 많은지요. 주님, 우리를 불쌍히 여기시고 우리의 내면에 심긴 씨앗이 발화되어 그리스도의 꽃을 피우며 살도록 도와주소서. 아멘.

자아의 감옥
벗어나기

주님, 우리는 이 세상 살아가면서 너무나 많은 상처를 입기에 마음속에 수많은 감옥들을 만들며 살고 있습니다. 대면하기 싫은 기억의 깊은 골짜기를 벗어나지 못해 다른 사람들을 여유 있게 맞아들일 여백이 없습니다. 하나님, 이 세상은 끊임없이 우리와 너 사이에 장벽을 만듭니다. '우리'와 '그들'을 갈라놓습니다. 하지만 성령은 그 갈라진 것들을 하나 되게 해주십니다. 원하옵나니, 우리의 마음속에 오셔서 우리 안에 있는 모든 감옥들을 무너뜨리시고, 우리의 관계 가운데 오셔서 우리를 나눠놓았던 사회적 장벽을 깨뜨려 주소서. 서로를 사랑으로 바라볼 수 있는 뜨거운 주님의 일꾼들로 변화시켜 주소서. 우리를 성령으로 충만케 하셔서, 모든 것이 나누어져 있는 이 세상에 나아가 평화와 생명을 위하여 마음껏 일하는 새사람들이 되게 하소서. 아멘.

외로움을 위한
기도

       하나님, 덧거친 세상을 살아가면서 우리의 내면은 멍들고 피가 흐를 때도 있습니다. 우리는 외롭습니다. 이전에 공동체가 우리에게 주었던 그 따뜻한 품이 사라졌기 때문입니다. 누군가와 허심탄회하게 어울리며 살기를 원하면서도, 언제나 마음의 경계를 지키면서 살기에 외로움만 더 커지는 것 아닌지요. 삼위일체 하나님이 깊은 신뢰와 사랑 가운데 하나가 되셨던 것처럼, 우리도 그 아름다운 사랑의 세계 속에 뛰어들어 새로운 힘을 얻게 하소서. 이 고단한 세상을 이겨 낼 그 내면의 힘을 얻게 도와주소서. 세상에서 울고 있는 사람들, 상처 입은 사람들, 그들을 품어 안는 넉넉한 가슴들 되도록 우리를 이끌어 주소서. 아멘.

철회되지 않는
부르심

하나님, 살아온 우리의 지난날을 돌이켜 봅니다. 걸어온 발자국이 어지럽기 이를 데 없습니다. 위에서 부르신 부르심의 상을 얻기 위하여 일심으로 그리스도라는 푯대를 향해야 함에도 불구하고, 세상이 우리를 손짓하여 부르는 그곳으로 자꾸만 달려 나가다가 길을 잃곤 했습니다. 그래서 우리의 삶은 얄팍하게 변해 버리고 말았습니다. 그러나 하나님의 사랑과 부르심은 철회되지 않는다는 그 말씀이 우리를 든든히 세워 줍니다. 주님, 그 사랑 붙들고 다시 한번 일어나 주님의 마음 향한 순례를 계속 하겠습니다. 우리를 붙들어 주소서. 아멘.

생명의 신비를
보게 하소서

하나님은 세상을 아름답게 창조하셨습니다.

창조하신 그 세계는 지금도 여여(如如)하게 아름답습니다.

하나님의 창조의 기적이 가까이 있건만,

하나님의 생명의 신비가 도처에서 꿈꾸듯 전개되고 있건만,

우리 눈은 세상이 제시하는

행복의 조건만을 향하고 있었습니다.

그 때문에 우리의 삶이 무거웠습니다.

그런 우리로 인하여 피조 세계가

신음하는 세계로 변해 버리고 말았습니다.

하나님,

　　　아름다움을 향유할 수 있는 내적 능력을

　　　우리에게 더하여 주소서.

성령의 능력을 받아서

　　　'생명 살림'의 길로 나아가게 하시고,

　　　그것이 우리의 기쁨이 되도록 역사하여 주소서.

　　　아멘.

수치 당한 이 마음을
주께 드립니다

"내 백성이 다시는 수치를 당하지 않을 것이다." 요엘을 통하여 들려주신 이 말씀이 오늘 우리의 가슴속에 큰 울림으로 다가옵니다. 오늘 이 땅에 주님의 이름으로 모이는 교회가 수치를 당하고 있습니다. 아니 어찌 보면 수치당하는 것이 마땅합니다. 우리가 하나님의 백성답게 살지 못했기 때문입니다. 이제는 돌이켜 우리의 마음을 주님 앞에 바칩니다. 돌과 같이 굳어진 마음 도려내 주시고 살갗과 같이 부드러운 마음을 심어 주십시오. 그리하여 세상에 있는 연약한 것들, 고통 받는 것들, 좌초된 것들, 그들의 아픔에 동참할 줄 아는 참 사람들이 되게 도와주소서. 아멘.

차별 없는
은혜

하나님, 하나님은 언제나 나누어져 있는 것들을 하나 되게 만드는 아름다운 분이십니다. 그러나 우리는 이 땅에서 살아가면서 하나였던 것들을 나눠 놓곤 합니다. 내가 옳으니, 네가 옳으니 다투면서 하나님의 마음을 아프게 합니다. 하나님, 우리가 하나님의 성품을 닮게 도와주시고, 하나님의 성품을 닮음으로 말미암아 세상의 모든 연약한 것들을 따뜻하게 감싸 안을 수 있게 하소서. 그 넉넉한 마음 누리며 살게 도와주소서. 하나님은 사람을 차별하지 않으신다는 그 근본적 사실을 우리들이 잊지 말게 하소서. 아멘.

감격하는
사람

하나님, 우리는 참 많은 것을 거저 누리며 살아갑니다. 우리가 만들지 않은 세상에서 주님은 우리가 기뻐할 수 있도록 모든 것을 마련해 주셨습니다. 물론 경제적인 어려움, 건강의 어려움, 관계의 어려움을 겪기도 합니다. 그러나 하나님은 그때마다 우리에게 필요한 것들을 늘 공급해 주셨습니다. 그런데 결핍된 것만 바라보며 살다 보니 우리는 불평하는 사람이 되어 버렸습니다. 이제는 결핍된 것 말고 무상으로 주어진 것들을 바라보면서 감격하는 새 사람이 되고 싶습니다. 마음속에 차오르는 감사와 기쁨을 가지고, 여전히 고통 가운데 있는 사람들의 좋은 벗이 되도록 이끌어 주소서. 아멘.

악인의 불꽃은
꺼질 것입니다

주님, 아무리 둘러보아도 선한 의지 갖고 사는 사람보다 악한 사람이 더 많은 것처럼 보입니다. 그래서 우리는 인생길에서 비틀거리곤 합니다. 그러나 마음을 고요히 하고 가만히 돌아보면 악한 사람들보다 선한 사람들이 더 많음을 알 수 있습니다. 악인의 등불이 제아무리 휘황하다 해도 결국은 꺼질 수밖에 없음을 알게 도와주시고, 의인들의 심지가 가물거린다 해도 결코 그 불꽃 꺼뜨리지 않으실 것을 믿고 살게 도와주소서.

악인들의 현실을 보면서 우리 마음에 선한 기름이 소진되는 일이 없기를 원합니다. 지치지 않고 세상에서 평화의 길, 생명의 길 걸어가도록 역사하여 주소서. 아멘.

이제부터라도
진리의 빛 따라

하나님,

데살로니가 교회의 아름다운 신앙 이야기는 주변 세계에

살고 있는 많은 사람들의 가슴을 뜨겁게 만들었습니다.

그런데 오늘 이 땅에 있는 교회들은

세상 앞에 추문거리가 된 지 이미 오래되었습니다.

행위 없는 믿음, 수고 없는 사랑,

인내 없는 소망이 우리를 빈 쭉정이처럼 만들어 놓았습니다.

하나님,

이제부터라도 다시 시작하고 싶습니다.

우리에게 진리의 빛 비추어 주소서.

그 빛 따라 걸을 수 있도록 용기를 더하여 주소서.

아멘.

아름답고
싶습니다

　　주님, 우리는 모두 행복을 구하는 사람들입니다. 그리고 우리의 삶이 아름다워지기를 소망합니다. 그런데 사람들은 우리를 보고 행복해 보인다고 말하지 않습니다. 우리를 보고 아름다운 삶을 산다고 말하지 않습니다. 그것은 우리가 주님을 닮는 일에 실패했기 때문일 것입니다. 오늘부터라도 우리의 삶이 달라지기를 소망합니다. 우리의 내면 깊은 곳으로부터 솟아 나오는 기쁨이 우리의 얼굴빛에 드러나기를 원합니다. 이웃들을 대하는 방식 속에 드러나기를 원합니다. 하나님 나라가 우리의 삶을 통하여 드러날 수 있도록 주님, 우리와 동행해 주소서. 아멘.

주신 그 숨을
쉬며

하나님, 가끔은 우리의 삶이 하잘것없다는 생각이 들 때가 있습니다. 고통이 중첩되어 다가올 때마다 내 삶이 어떤 의미가 있는지 몰라 방황하기도 합니다. 그러나 우리의 생명이 소중한 까닭은 주님이 우리를 귀히 여기시기 때문임을 깨닫게 해주시니 감사합니다. 세상 모든 사람들이 등 돌려도 하나님은 우리를 버리지 아니하심을 믿기에, 하나님이 우리에게 주신 그 숨을 고요히 쉬며 살겠습니다. 세상 속에서 살아갈 때도 그 고요함 속에 머물게 도와주시고 하나님의 사랑을 이 세상에 풍기며 사는 복된 나날 되게 하소서. 아멘.

주님이 친히
보내셨습니다

하나님, 세상은 이리도 갈가리 찢기고 나뉘고 고통 속에 처해 있습니다. 하나님은 바로 그 고통 받는 세상, 조각난 세상을 회복하기 위해 우리를 이 땅에 보내십니다. 주님, 주님의 힘 의지하고 나아가 세상에 하나님 나라 복음을 전하는 새 사람들이 되게 하소서. 아멘.

삶의 모호함을
견디게 하소서

　주님, 세상을 둘러보면, 악인들이 행복을 누리고 의로운 사람들이 고통당하는 상황이 도처에서 벌어집니다. 반복적으로 일어나는 그런 일들을 바라보면서 우리는 도덕적인, 종교적인 판단력을 잃어버릴 때도 많았습니다.

그러나 주님은 오늘 우리에게 말씀하십니다. 삶이 제아무리 모호하게 보여도 그 삶을 너의 삶으로 수용하며 살라고, 오직 오늘이라고 일컫는 이날 주님이 주시는 복을 누리며 살라고, 그럼으로써 내면에 깃드는 행복과 기쁨 가지고 어두운 세상을 밝히는 빛이 되라고 말씀하십니다. 그 말씀 붙들고 살겠습니다. 연약한 우리를 꼭 붙들어 주시고 우리의 발 앞을 비추는 등불이 되어 주소서. 아멘.

성취되어야 할
생명 세상

주님, 우리는 답답한 현실에 지칠 때마다 하나님의 약속 실현이 너무 더딘 것 같아 안타까워할 때가 많았습니다. 그러나 그런 우리를 보며 주님이 오히려 안타까워하십니다. 내가 너희에게 그 복을 누릴 수 있는 가능성을 이미 주지 않았느냐고 말씀하십니다. 평화 세상, 생명 세상, 그것은 그저 오는 것이 아닙니다. 하나님이 이미 마련하셨으니 우리가 성취해야 하는 세상인 것을 다시 한 번 깨닫습니다. 하나님, '완제품 복'만 구하는 우리가 되지 않게 도와주소서. 이미 우리에게 무상으로 주어져 있는 복을 가지고 하나님의 뜻을 실현하는 성숙한 믿음의 사람들이 되게 하소서. 아멘.

버티고
서게 하소서

　　주님, 우리가 살고 있는 세상을 바라보다가 때때로 깊은 절망감에 사로잡힙니다. '이렇게 하면 뭐 해, 아무리 애써 봐도 세상은 그 모양인 걸.' 이런 얘기를 듣고 하나님은 슬퍼하시지만 악마는 기뻐합니다. 하나님, 우리들에게 믿음을 더하여 주셔서 이 영적인 전투에서 패배자 되지 않게 하소서. 패배가 예기되는 싸움이라 해도, 하나님 의지하고 굳건히 서서 버티면서 악마의 간계에 맞서는 우리가 되게 하소서. 아멘.

찢긴 그물을
떨치고

하나님, "그물은 찢어지고, 우리는 풀려났다" (시 124:7b, 새번역)는 시인의 이 고백이, 우리에게 얼마나 큰 느낌으로 다가오는지 모르겠습니다. 오늘 우리를 옥죄고 있는 그물들이 참 많습니다. 그러나 하나님, 그 그물 안에 갇혀 살지 않도록 도와주시고, 찢긴 그물을 떨쳐 버리고 나아가 하늘을 바라보며 사는 참 사람들이 되게 하소서. 주님이 우리 편이신 것처럼 우리 또한 주님의 편 되어 세상을 평화와 생명으로 물들이는 사람들이 되게 하소서. 아멘.

아름다운
유산

주님, 사람들은 저마다 주어져 있는 생의 자리에서 아름답고 따뜻하고 좋은 삶을 일궈 내기 위해 최선을 다합니다. 그럼에도 불구하고 우리 삶은 늘 냉랭하고 쓸쓸하기만 합니다. 왜 그런가 생각해 보니 본질을 놓치고 살고 있었기 때문입니다. 하나님, 우리는 이 세상에 살고 있지만 하나님 나라를 고향으로 삼은 사람들임을 잊지 않게 하소서. 세상의 유형적인 것들을 성취함에 기뻐하기보다, 하나님이 기뻐하시는 그 일을 함께 기뻐하는 것을 더 큰 유산으로 삼는 사람들 되게 하소서. 아멘.

일어서는
사람

하나님,

　　성령 강림절 아침,

　　주님 앞에 간절히 청합니다.

지나온 삶을 돌아보니 이런저런

어려운 일들로 말미암아 우리는 엎드러져 있었고,

누워 있었고, 주저앉아 있었습니다.

　　"사람아, 일어서라."

주님의 그 음성을 듣습니다.

우리도 무릎에 힘을 주고 일어서기를 원합니다.

그러나 일어설 힘이 없습니다.

　　　주님의 영으로 우리 속을 가득 채워 주셔서,

　　　그 영 덕분에 일어서게 해주시고,

　　　저 불의의 담장을 넘어 평화의 세상 이루기 위해

　　　이웃들 곁으로 성큼성큼 나아가게 하소서.

아멘.

무엇이 변해야
할까요

하나님, 한 사람의 마음속에 일어난 진정한 변화가 세상을 변화시키는 동력임을 오늘 우리는 알았습니다. 한 사람의 마음속에 주님의 사랑이 뜨겁게 역사하면, 거기로부터 퍼져 나오는 사랑의 울림이 주변 사람들의 마음에까지 번지고 결국 그들을 하늘 시민으로 바꾼다는 사실 또한 알게 되었습니다. 변화되어야 하는 것은 내 밖에 있는 저 사람이 아니라 바로 나 자신임을 깨닫습니다. 내가 변해야 세상이 변함을 잊지 말게 도와주시고, 책임질 사람으로 타인을 지목하기보다는 스스로 세상의 아픔을 책임질 줄 아는 믿음의 사람들이 되게 도와주소서. 아멘.

새 하늘,
새 사람

      하나님, 주님의 날이 언제 올지 우리는 알지 못합니다. 그러나 우리에게 생명이 있는 것은, 돌이켜 새 사람이 되라는 하나님의 은총의 초대요, 하나님의 사랑의 인내임을 깨닫습니다. 주님, 제자리걸음만 하는 사람 혹은 뒷걸음질 치는 사람이 되지 않게 도와주소서. 새 하늘과 새 땅을 바라보면서, 이 땅에서 우리 이웃들에 대한 책임을 다하며 사는 새 사람들이 되게 하소서. 아멘.

새 하늘과 새 땅을 바라보면서,
이 땅에서 우리 이웃들에 대한
책임을 다하며 사는
새 사람들이 되게 하소서.

이 땅에 있는 것과
없는 것

하나님, 우리를 불러 주님의 일에 동참시켜 주시니 감사합니다. 하나님이 창조하신 세상은 있을 것이 있어야 할 자리에 있는 세상이었습니다. 그러나 우리가 만들어 낸 세상은 있어야 할 것이 없고, 없어야 할 것이 있는 세상입니다. 하나님이 아닌 다른 것들을 우리 삶의 중심으로 삼았기 때문입니다. 다시 한 번 돌이켜, 하나님만을 우리 마음의 중심에 모시고 살아가기를 소망합니다. 앞서 부름 받았으니, 힘겹더라도 그 길을 만드는 기쁨을 누리게 하소서. 아멘.

조화로운 세상의
꿈

하나님, 우리는 조화로운 세상을 꿈꾸지만 우리가 사는 세상은 언제나 조화가 무너져 있습니다. 힘 있는 사람들이 힘없는 사람들을 유린하고, 사람들이 피조세계를 파괴하고 황폐하게 하는 세상에 살고 있습니다. 오늘 이 땅에서 그리스도인으로 부름 받았다는 것이 무엇일까요. 하나님이 창조하시고 보시기에 좋았다고 하셨던 그 조화로운 세상, 하나님이 다시 한 번 감동하실 수 있는 그런 세상 만드는 것이 바로 우리의 꿈이 되기를 소망합니다.

당신의 사랑하는 모든 백성이 그 꿈에 사로잡혀 살아가게 하소서. 우리를 통하여 이 세상이 살아갈 만한 공간으로 바뀌도록 은혜 내려 주소서. 아멘.

표징을
구하지 않게 하소서

하나님, 우리는 종종 극적인 사건이 우리 삶 속에 나타나기를 소망합니다. 불행한 사건 말고, 누구도 예기치 못했던 행복한 사건이 일어나서 우리의 삶이 아주 평온해지고 행복해지길 소망합니다. 그러나 주님은 우리에게 말씀하십니다. 그런 표징을 구하는 삶이 자칫하면 악하고 음란한 삶으로 이어질 수 있다고. 주님, 우리는 그러한 세상 말고 우리가 끈질기게 심어 온 평화와 생명이 움트는 새로운 세상 이루고 싶습니다. 그 꿈을 실현할 수 있는 능력을 더하여 주소서. 아멘.

사람이
온다는 것

하나님, 고통과 의심으로 가득 찬 세상 살면서, 우리는 다가오는 사람들에게 등 돌리고 모른 체 할 때가 참 많았습니다. 그러나 하나님은 우리에게, 사람과 사람 사이에 담벼락을 만드는 인생이 되지 말고 그 벽을 무너뜨려 서로 만나게 하는 삶을 살라고 말씀하십니다. 너희가 이 세상의 평화가 되라고 그렇게 일러 주십니다. 하나님, 한 사람이 우리에게 다가오는 것은 실로 어마어마한 일임을 늘 깨달으며 살게 도와주시고, 그들과의 만남을 통하여 우리의 인생이 깊어지게 하소서. 아멘.

눈 들어
하늘을 봅니다

하나님, 땅에서 벌어지는 일만 바라보면 우리는 낙심할 수밖에 없습니다. 땅의 현실만 바라보면 강퍅하게 변해 가는 우리의 마음을 막을 길이 없습니다. 그러나 눈을 들어 하늘을 바라보고 하나님의 심정과 우리의 심정이 하나 되는 것을 느끼는 순간, 새로운 소망이 차오릅니다. 나는 무력해도 하나님은 힘이 있으심을 믿기 때문입니다. 주님, 주님이 우리의 방패가 되어 주셨던 것처럼 우리 또한 세상에서 고통받는 사람들의 방패가 되어 줄 수 있도록 든든히 붙잡아 주소서. 아멘.

불편한 정의

하나님, '거기 너 있었는가' 하는 선율이 우리의 가슴에 큰 떨림으로 다가옵니다. 주님이 머무시는 그곳, 우리는 한사코 피하며 살지는 않았는지요. 주님의 눈길이 닿는 곳, 우리는 외면하며 살지는 않았는지요. 이 시간 부끄러운 마음으로 돌아봅니다. 주님, 편안한 침묵을 택하기보다 불편한 정의를 외치는 새 사람들이 될 수 있도록 우리에게 용기를 더하여 주소서. 아멘.

사랑의
동심원

하나님, 세상을 너무도 사랑했기에 세상의
모든 슬픔을 짊어지고 십자가의 길을 걸어가셨던 예수 그리스
도, 그 십자가로부터 번져 나가기 시작한 사랑의 물결이 온 세
상을 적심으로써 역사가 새로워졌습니다. 그런데 그 물결이 우
리한테 와서 중단된 것은 아닌지 가슴 아프게 돌아봅니다. 하
나님, 우리도 주 예수 그리스도의 사랑의 동심원의 일부를 이
룰 수 있게 도와주소서. 우리로 인해 세상에 평화와 생명의 물
결이 더욱더 크게 번져 나갈 수 있도록 역사하여 주소서. 아멘.

비겁함과
안일함을 버리고

주님, 주님은 자기를 부인하고 자기 십자가를 지고 따라오라고 우리에게 이르셨습니다. 하지만 우리는 자기 부인에도 이르지 못했고, 십자가를 지는 일에도 익숙하지 않은 사람들이 되고 말았습니다. 세상이 어두운 까닭은 다른 누구 때문이 아니라 바로 우리 속에 있는 비겁함, 우리 속에 있는 안일함 때문임을 자각하지 않을 수 없습니다. 주님, 오늘 우리는 다시 도전에 직면해 있습니다. 두려움 없이 양심의 법, 하나님의 법을 따를 수 있도록 동행해 주소서. 아멘.

분단의
세월 앞에서

하나님, 분단의 세월이 너무 깁니다. 통일의 길은 오히려 점점 멀어져만 가는 것 같습니다. 하나님, 우리 속에 있는 분단의 마음들이 스러지기를 소망합니다. 평화를 선택하는 용기가 우리에게 있기를 소망합니다. 이 땅에 있는 크리스천들이 먼저 자기 내면에 통일을 이루게 도와주소서. 어떤 어려움과 난관이 가로막아도 단호하게 평화를 선택하는 이들이 날마다 늘어나, 마침내 분단 체제가 무너지고 서로 서로를 뜨겁게 부둥켜안는 통일의 그날이 다가올 수 있도록 복 내려 주소서. 아멘.

좁은 길의
행복

하나님,

수없이 많은 갈림길 앞에서

우리는 주저주저하며 살아갑니다.

　　　욕망을 따르는 길이 한편에 있고,

　　　주님이 손짓하여 부르시는 좁은 길이

　　　우리 앞에 드러나기도 합니다.

우리는 그동안 버릇처럼 욕망의 길을 따르곤 했습니다.

이제부터는 조금씩이나마 주님이 부르시는

　　　좁은 길로 나아가도록 우리를 인도하소서.

그 좁은 길에서 마주치는 아름다운 행복감,

그것을 나눔으로써 우리 주변의 사람들을

따뜻하게 물들이는 복된 인생 살게 해주소서.

　　　아멘.

쭉정이의
고백

하나님,

조금만 바람이 불어도 이리저리 까불리는 쭉정이처럼,

우리의 삶은 그렇게 형편없는 내용으로 채워지곤 했습니다.

알곡이 되기 원했으나 쭉정이처럼 변해 버린 것 같습니다.

부끄럽습니다.

그러나 우리를 버리지 아니하시고

끝까지 믿어 주시는 주님의 사랑이

우리를 살게 만듭니다.

이제는 흔들림 없는 믿음의 사람들 되어

주님의 마음을 향한 순례의 여정 계속하겠습니다.

우리와 동행해 주소서.

아멘.

주님이 놓으신
기초

하나님, 바람 앞에 속절없이 흔들리는 부평초처럼 우리는 물결 이는 대로 이리저리 흔들리며 살았습니다. 참으로 부끄럽습니다. 태산보다 든든하게 우리를 지켜 주시는 주님이 엄연히 살아계시건만, 우리는 빛보다 어둠에 적응된 채 살아왔습니다. 하나님, 사랑을 실천하기보다는 사랑 없는 세상을 원망하며 시간을 보낼 때가 많았습니다. 이제는 우리의 몸과 마음을 돌이켜 주님만을 바라보며 살게 하소서. 주님으로부터 얻은 힘을 가지고 세상을 따뜻하고 평화롭게 사랑이 넘치는 곳으로 바꾸게 도와주소서. 아멘.

사랑의
공명

하나님, 무기력하기 이를 데 없는 삶을 살았던 우리들입니다. 마음 깊은 곳에서 사랑을 길어 내지 못하고 미움과 갈등을 운명으로 여기고 살았습니다. 그러는 동안 우리는 점점 냉소적인 사람으로 변했습니다. 그런데 성령님이 오셔서, 우리 곁에 있는 사람들을 따뜻한 사랑으로 보듬어 안을 수 있게 해주셨습니다. 감사합니다.

오늘 우리 곁에 앉아 있는 사람들이야말로 주께서 보내 주신 사람들임을 이제는 조금씩 깨닫습니다. 그 사랑으로 우리를 넘어서겠습니다. 넘어선 사랑으로 사랑의 공명을 일으키겠습니다. 그리고 사랑의 공명으로 아름다운 교회를 이루겠습니다. 주님, 우리와 동행하시고 우리를 통해 하나님의 꿈을 이 땅에서 이루소서. 아멘.

왜
보냄 받았습니까

하나님, 복된 생명을 우리에게 허락하여 주시고, 우리가 이 땅에 사는 동안 은총의 날개로 우리를 품어 안아 주시니 감사합니다. 그러나 우리는 이 세상에 보냄을 받고도 왜 보냄을 받았는지 잊어버린 채 살고 있습니다. 메시지를 잃어버린 메신저처럼 살고 있는 것이 우리의 삶입니다. 주님, 오늘 깨우쳐 주시니 감사합니다. 하나님이 만드신 아름다운 세상을 참 아름답게 만드는 것이 우리에게 주어진 책임임을 깨달았습니다. 그렇게 살 수 있는 능력을 우리에게 더하여 주시고, 하나님 뜻 안에서 살아감으로 우리의 삶이 풍요로워짐을 날마다 기뻐하게 하소서. 아멘.

알아주든
알아주지 않든

하나님, 살아있음이 신비인데 우리는 때때로 하나님의 눈을 의식하기보다는 사람의 눈을 의식하면서 살았습니다. 마땅히 해야 할 일은 하지 않고, 하지 말아야 할 일을 하며 살았습니다. 이것이 우리에게 종의 멍에가 되었습니다. 하나님, 누가 알아주든 알아주지 않든 그것이 하나님이 맡겨 주신 일이라면 감사함으로 수행하기 원합니다. 누군가 알아주지 않더라도 그럴 수 있음을 기뻐하며 살아가는 성숙한 믿음의 사람이 되게 하소서. 아멘.

꿈틀거리는
새 나라

하나님, 한 신학자는 돌로 만든 떡을 먹고 우리의 가슴이 돌이 든 가슴으로 변해 버렸다고 말했습니다. 부인할 수 없는 사실입니다. 주님, 돌처럼 변해 버린 우리의 가슴을 주님의 사랑으로 녹이시고, 살갗처럼 부드러운 새 마음을 심어 주소서. 그래서 사랑하고 아끼고 존중하고 기뻐하며 인생을 한껏 경축하며 사는 새 사람들 되게 도와주소서. '너 때문에 살기 어려운 세상'이 아니라 '너 덕분에 내가 산다'는 고백이 터져 나오게 하시고, 우리 속에서 시작된 평화와 통일이 이 분단 체제를 무너뜨릴 수 있도록 역사하여 주소서. 아멘.

사랑과
분별력

하나님, 목숨을 받아 이 세상에 태어난 것은 너무나 신비한 일이 분명하건만, 세상의 일들에 치이고 떠밀리다 보니 우리는 생명이 신비라는 사실을 잊어버린 채 살아가고 있습니다. 하나님은 생육하고 번성하고 기뻐하며 살라고 우리에게 명하셨건만, 우리는 기쁨을 잃어버린 채 슬픔의 강물에 떠밀리며 살고 있습니다. 그러나 주님을 알고 우리는 새로운 삶을 꿈꿀 수 있게 되었습니다. 주님 덕분에 우리는 이웃들을 얻게 되었습니다. 하나님, 이제부터 우리의 삶이 하나님의 사랑에 대한 감사의 고백이 되게 도와주시고 이웃들에게 선물이 되는 삶이 되도록 복 내려 주소서. 아멘.

하나님께
맞서지 않겠습니다

하나님, 인생이 힘겨울 때 우리는 하나님의 현전 앞에 엎드려서 '왜 내게 이런 고통을 주십니까' 하며 부르짖었습니다. 그러나 하나님이 우리 인생에 개입해 모든 난관들을 지나가게 하시면 그 은총을 까맣게 잊곤 했습니다. 하나님을 사랑한다고 고백했고 이웃들을 사랑하려고 마음먹었습니다. 그러나 욕망에 붙들릴 때마다 우리는 하나님께 등 돌리곤 했습니다. 오늘 우리가 하나님과 맞서면서 사는 어리석은 사람들이 아닌지 돌아봅니다. 긍휼히 여기셔서, 생의 한복판에서 하나님 경외하며 사는 새 사람 되게 하소서. 아멘.

하나님께 낯선 존재
되지 않게 하소서

하나님, 인생을 살다 보면 하나님이 우리에게 너무 무정하신 분처럼 느껴질 때가 있습니다. 다정하게 생각됐던 하나님이 낯선 존재로 여겨질 때마다, 우리는 마치 끈 떨어진 연처럼 고독함을 느끼곤 합니다. 그러나 곰곰이 돌아보니, 하나님이 우리에게 낯선 분이 되었던 것이 아니라 우리가 하나님 앞에서 스스로 낯선 존재가 되었던 것임을 고백하지 않을 수 없습니다. 우리는 하나님을 아버지라 부르면서도 하나님의 뜻을 따라 살지 않는 무정한 사람들이었습니다. 이제부터라도 하나님의 영광을 위하여 살게 도와주시고, 하나님의 눈으로 세상을 바라보면서 이 땅을 평화로운 세상으로 바꿔가는 자들이 되게 하소서. 아멘.

하나님의 꿈은
쇠퇴하지 않습니다

하나님, 질서의 세계가 무너지고 혼돈이 세계를 지배하는 것처럼 보이는 암담한 때입니다. 21세기가 되면 세상이 한결 더 편해질 것이라고 기대했는데, 세상은 점점 더 위험한 곳으로 변해가고 있습니다.

그러나 하나님, 우리는 믿습니다. 하나님의 꿈은 쇠퇴할 수 없다는 사실을. 온 세상의 역사가 그리스도의 마음으로 수렴될 수밖에 없음을, 그래서 그리스도의 그 아름다운 계획에 동참하는 사람들이 궁극적 승리자임을 우리는 믿습니다. 그 아름답고 멋진 일에 우리를 불러 주셔서 감사합니다. 때때로 넘어지고 비틀거릴지라도 버리지 마시고, 다시금 일어서서 그리스도를 향해 길 떠나게 하소서. 아멘.

깨달음

하나님,
우리는 어리석은 자들입니다.
늘 행복을 바란다고 말하면서도
진짜 행복의 길을 외면하며 살았습니다.
진정한 행복은 우리의 욕망을 채워가는 것이 아니라
우리 자신을 하나님께 바치는 것, 우리 자신을
이웃들에게 선물로 내주며 사는 것임을 알았습니다.
기쁨은 먼 곳에 있는 것이 아니라
바로 오늘 이 자리에 있는 것임도 알았습니다.

우울한 세상,

슬픔이 가득 찬 세상,

기쁨으로 잘 건너게 도와주시고

우리의 있음이 세상의 기쁨이 되도록

우리를 사용하여 주소서.

아멘.

해방의 날을
바라보며

　　자비로우신 하나님, 도적같이 우리를 찾아
왔던 해방의 기쁨도 잠시, 우리는 분단의 쓰라림을 겪으며 오
랜 세월을 보냈습니다. 너무나 긴 세월이었습니다. 남과 북이
적대하면서 서로의 가슴을 향해 총부리를 겨냥하고 있는 이
극단의 현실은 언제쯤 끝나게 될는지요. 주님, 주님이 간섭하
여 주시기를 소망합니다. 먼저 우리의 마음속에서 분단의 흔
적을 지워 주시고 평화를 옹골지게 지향하는 믿음을 허락하여
주소서. 이 민족 불쌍히 여기셔서, 다시는 전쟁의 참화 겪지
않게 도와주시고, 분쟁의 땅이었던 이곳이 세계의 평화를 위
한 전초 기지가 되도록 역사하여 주소서. 아멘.

스승 닮게
하소서

하나님, 우리를 불러 주님의 제자로 삼아 주시고, 우리 속에 새로운 세상에 대한 꿈을 심어 주시니 감사합니다. 제자답게 스승을 닮아야 하는데, 우리는 스승을 닮지 못한 채 이 땅에서 바장이며 삽니다. 긍휼히 여기소서. 주님의 마음을 우리 속에 심어 주소서. 주님의 빛 비추어 주소서. 조각난 우리의 마음 주님께 바치오니, 하늘의 빛 비추어 회복시키시고 세상을 아름답게 바꾸며 살도록 인도해 주소서. 아멘.

눈 뜬 사람

하나님, 우리는 제대로 보는 사람인 줄 알았습니다. 우리가 보는 세상이 옳다고 늘 생각했습니다. 그러나 우리의 시야는 너무 협소했습니다. 이웃들의 세계도 보지 못했고 하나님의 세계도 보지 못했습니다. 그러나 하나님은 은총으로 그리스도를 우리에게 보내셔서 우리의 눈을 열어 주셨고, 하나님이 기뻐하시는 생이 무엇인지를 날마다 깨우쳐 주십니다. 감사합니다, 하나님. 이제는 눈 감은 사람이 아니라 눈 뜬 사람이 되어 주님이 만들어 가시는 세계를 잘 보면서 살아가게 하소서. 아멘.

느티나무처럼

자비로우신 하나님, 마른 뼈처럼 서걱거리기만 하던 우리를 불러 주시고 하늘의 숨 불어넣어 하늘 군대 이루게 하셨으니 감사합니다. 세상이 아무리 거칠어져도, 우리는 하나님의 꿈이 이 세상을 지배하고 있다는 사실을 온몸으로 실증하며 살고 싶습니다. 저마다의 역사를 가진 한국 교회들이 품 넓은 느티나무처럼 세상의 지친 사람들을 품을 수 있게 하소서. 저들을 쉬게 하고 회복시켜, 세상에 평화의 도구로 내놓는 아름다운 교회들이 되게 하소서. 아멘.

생명의 뿌리에 대한
존중

하나님, 생명은 하나님으로부터 온 것임을 깨달았습니다. 그러므로 우리의 생명은 우리에게 속한 것이 아니라 하나님께 속해 있음을 믿습니다. 생명은 하나님으로부터 오되 부모님을 통하여 왔다는 사실을 가슴 벅차게 깨닫습니다. 하나님, 우리에게 생명의 뿌리를 존중하고 공경할 줄 아는 마음을 심어 주소서. 그리하여 부모님을 진심으로 경외하는 사람, 정신의 그릇이 큰 사람, 세상의 아픔에 같이 아파하는 사람, 하나님을 진심으로 사랑하는 사람으로 성장해 가도록 이끌어 주소서. 아멘.

성령의 숨

하나님, 예수님의 피가 우리 속에 없기에 우리는 창백한 얼굴로 세상을 떠돌기만 합니다. 예수님의 뜨거운 마음이 없기에 우리는 선물로 받은 인생을 한껏 살아내지 못합니다. 성령의 숨이 우리 속에 없기에 우리는 이 세상을 헐떡이며 살아갑니다. 불쌍히 여기소서. 긍휼히 여기소서. 예수 그리스도의 피가 우리 속에 흐르게 하소서. 하나님의 숨결, 성령의 바람이 우리를 사로잡게 하소서. 하나님이 꾸게 하신 그 꿈, 이 땅에서 이루며 살아갈 수 있도록 우리를 도와주소서. 아멘.

은총의 깊이

하나님,

때때로 삶의 무게가 무거워서 비틀거렸습니다.

무의미와 공허가 엄습해 와 넘어지기도 했습니다.

탄식조차 할 수 없을 때도 있었습니다.

그러나 성령이 우리 속에서 말할 수 없는 탄식으로

우리를 위해 대신 간구해 주셨습니다.

그 때문에 우리가 주님의 사랑 안에 머물 수 있었습니다.

주님, 우리를 이끄소서.

우리가 마땅히 있어야 할 자리로 우리를 데려가 주시고,

우리가 해야 할 일 감당하도록 능력 더하여 주소서.

아멘.

마음을
깨끗하게 하소서

한결같이 우리의 마음 문을 두드리시는 주님,

고맙습니다.

주님이 아니면 열릴 수 없었던 우리의 마음입니다.

상처투성이, 거미줄투성이, 온갖 더러운 것들 가득 차 있는

우리의 마음에 들어오셔서 정화해 주소서.

하나님의 꿈을 우리의 꿈으로 품고 사는

사람들로 빚어 주소서.

아멘.

바람과
바다

하나님,

　　험한 세상에 살다 보니 우리는 겁쟁이가 되었습니다.

　　작은 바람이 일렁여도 어찌할 바를 모르고

　　비명부터 질러댑니다.

하나님,

　　주님이 걸어가신 그 진리의 길,

　　참의 길을 선택하는 일은 여간 어려운 일이 아닙니다.

그럼에도 우리를 못났다 꾸짖지 아니하시고,

끊임없이 그 길로 부르시는

주님의 사랑이 우리를 살게 합니다.

주님,

우리 속에서 일어나셔서 바람과 풍랑을 꾸짖어 주소서.

우리들이 소원의 항구로 나가도록 인도해 주소서.

우리를 통해 당신의 꿈을 펼치고자 하시는 주님 앞에

우리의 몸과 마음을 맡기오니

주님 뜻대로 사용하여 주소서.

아멘.

조용히 자라는
하나님 나라

하나님, 우리는 겨자 풀보다 못한, 아주 작은 존재들입니다. 그리고 여전히 자기중심성에서 벗어나지 못하고 있습니다. 그럼에도 불구하고 주님은 하늘의 꿈을 우리 속에 심어 주셨고 그 꿈을 이루어 보라고 초대하셨습니다. 하나님 나라는 바로 그 일을 소중히 여기는 사람들을 통해 이 땅에서 조용히 자라가고 있음을 믿습니다. 하나님 나라의 도래를 가로막는 사람들이 아니라 그 나라를 위해 희망의 물을 주는 사람들로 살아가게 하소서. 아멘.

그 마음과
잇대어 살기를

　　　　하나님, 세상에 사는 동안 자꾸만 옹색해지는 우리의 마음을 긍휼히 여기셔서 마음을 넓혀 주소서. 자꾸만 더러워지는 우리의 마음을 맑히시어 맑은 마음으로 세상을 살게 도와주소서. 관심의 화살표를 자꾸만 타인들을 향해 돌리도록 도와주시고, 타인들을 진심으로 사랑함으로써 하나님의 마음에 닿을 수 있도록 인도하여 주소서.

하나님, 사랑을 위하여 우리를 선택하셨으니 세상을 아끼시는 그 마음과 잇대어 살도록 인도하시고, 하나님의 손과 발 되어 세상을 평화의 공간으로 바꾸는 일에 헌신하며 살게 하소서. 아멘.

마음 밭에
말씀을

하나님, 농부는 딱딱하게 굳어 있는 대지를 쟁기 날로 갈아엎고 곡괭이로 그 흙을 부숴 내어 부드러운 흙의 가슴에 씨앗을 심습니다. 그 농부처럼, 우리의 마음을 깨뜨리시고 우리 속에 하늘 복음을 심어 주시니 감사합니다. 심은 그 말씀 정성스럽게 가꾸어 주님 앞에 결실로 돌려드릴 수 있도록 우리를 도와주소서. 아멘.

거룩함을 향한
여정

하나님, 주님은 '거룩함의 순례자가 되라'고 우리를 불러 주셨건만, 우리는 세상의 인력에 속절없이 끌려 다니다가 방향을 잃어버리고 말았습니다. 주님은 그런 우리를 긍휼히 여기셔서, 때마다 멈추어 서라 말씀하시고 때로는 고통으로 인해 우리가 더 크게 어긋난 길로 나가지 않도록 돌보아 주셨습니다. 그리고 삶 속에 찾아온 불안과 공허감을 매개로 하여 우리를 주님의 현존 앞으로 불러 주셨습니다. 그렇습니다. 우리는 거룩함을 향한 순례자입니다. 그렇게 살도록 도와주소서. 우리가 살고 있는 세상에 그리스도의 계절을 가져오는 멋진 인생이 되도록 인도하소서. 아멘.

우리는
거룩함을 향한
순례자입니다.
우리가
살고 있는 세상에
그리스도의 계절을
가져오는
멋진 인생이 되도록
인도하소서.

오직
그리스도만이

하나님, 이 세상에서 우리는 무력한 존재였습니다. 힘이 없었기 때문에 늘 슬펐습니다. 그런데 하나님의 말씀을 통해서 헤롯이 추구했던 권능이라는 것, 힘이라는 것, 그것이 그에게 자유를 주기는커녕 그를 옭아매는 올무였음을 보았습니다. 오직 그리스도의 권능만이 우리에게 자유를 줍니다. 주님, 그리스도의 권능으로 우리를 사로잡으시어 주님의 뜻 수행하며 사는 기쁨 누리게 하소서. 아멘.

경외하는
마음

하나님, 가장 많은 정보가 통용되는 이 시대에, 우리는 영적으로 빈곤한 사람이 되고 말았습니다. '주님을 경외하는 것이 지식의 근본'이라는 근원적인 진실을 잊고 살았습니다. 주님, 우리가 잃어버렸던 경외하는 마음, 그 마음에서 비롯된 따뜻하고 겸손한 마음으로 이 세상을 살아가도록 우리를 붙들어 주소서. 아멘.

신앙인의
애국

　　하나님, 바울 사도의 모습이 때로는 부럽습니다. 세상의 어떤 것도 우리를 그리스도의 사랑에서, 하나님의 사랑에서 끊을 수 없다고 자신 있게 외치는 바울의 굳은 믿음이 부럽기만 합니다. 또한 동족을 위해서 자신이 저주받을지라도, 그리스도의 사랑에서 끊어질지라도, 동족이 주님을 영접하고 그 길을 걸을 수만 있다면, 어떠한 고통도 받아들일 수 있다고 고백했던 바울의 절절한 마음이 부럽기만 합니다. 하나님, 이 땅에 있는 교회들이 이 나라를 아름답게 세우기 위해 십자가 정신 굳건히 붙들게 도와주소서. 모든 그리스도인들이 각자에게 주어진 삶의 자리에서 그리스도의 십자가 정신으로 살아내도록 지켜 주소서. 아멘.

깨어짐으로써
깊어지는 마음

하나님, 생명을 받아 이 땅에서 살아가는 동안 우리는 기뻐할 때도 있지만 슬퍼하고 좌절하고 절망할 때가 더 많습니다. 그런 고통을 겪으며 우리 마음이 깨어진다 해도, 그 뾰족한 조각으로 남들에게 상처 입히지 않게 도와주소서. 깨어짐으로써 열려져 주님의 말씀을 더 깊이 만나고 주님의 마음을 더 가까이 느끼는 지혜의 사람들이 되게 하소서. 오늘 눈물의 시간을 보내고 있는 사람들을 위로하고, 다가가 손 붙잡아 주는 따뜻한 사람들이 되게 하소서. 아멘.

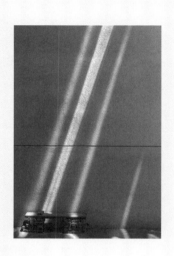

3

삶으로 드리는
아멘

주를
경외하는 삶으로

하나님, 우리는 세상의 많은 사람들을 가리키면서 '저 사람은 정말 악한 사람'이라고 말하곤 했습니다. 그 악한 사람의 범주 속에 우리는 늘 포함되지 않았지요. 그러나 성경을 통하여 알았습니다. 이웃들의 고통을 외면하는 자가 악인이라는 사실을 말입니다. 진정으로 의로운 사람은, 거리에 나가 정의를 외치는 그런 사람만이 아니라 정말로 하나님을 경외할 줄 아는 사람, 누군가를 위하여 자기의 몸을 낮출 줄 아는 사람인 것 또한 알았습니다. 하나님, 악인의 삶에서 떠나 의로운 사람의 삶으로 나아가는 우리에게 용기를 허락하여 주소서. 아멘.

나그네와
더불어 살기

주님, 돌이켜 생각해 보면, 우리의 삶은 누군가가 우리에게 베풀어 주었던 사랑의 빚 그 자체였음을 깨닫습니다. 그러나 우리가 자아에 도취되어 살 때는 우리의 삶이 빚인 것을 몰랐습니다. 하나님, 주님의 은총이, 부모님의 사랑이, 벗들의 우정이 우리를 살게 하는 힘이라는 것을 이제는 분명히 압니다. 그런 사랑을 받은 우리들, 이제는 그 사랑 갚으며 살고 싶습니다.

지금도 이 세상의 난민이 되어 떠돌고 계신 우리 주님, 사회적 약자 속에 당신을 드러내시는 그 주님과 마주치고 싶습니다. 우리의 마음을 열어 주셔서 이 땅에서 나그네로 살고 있는 사람들을 조금은 따뜻한 시선으로 바라보게 도와주소서. 그들을 사랑의 품으로 끌어안아 우리 사회의 일부가 되게 하는 일에 쓰임 받게 하소서. 아멘.

순종을
배웁니다

주님,

주님은 고난을 통하여 순종을 배우심으로써

완전에 이르셨습니다.

그런데 평안을 구하는 우리는 고난을 한사코 피합니다.

그래서 우리는 주님의 뜻에 대한

'아멘'이 되어 살지 못합니다.

그 때문에 우리는 완전의 길에서 멀어졌습니다.

우리의 삶이 지리산가리산 정신없는 것은,
우리가 마땅히 바라보아야 할 분을 바라보지 않고
순종해야 할 하나님의 뜻에 순종하지 못하기 때문입니다.

이러한 우리를 불쌍히 여겨 주소서.
이제부터라도 우리의 삶을 통하여
하늘의 선율을 연주하는 기쁨 속에 살게 하소서.
아멘.

하나님의
사람이여

　　　"너, 하나님의 사람이여." 이 말 한마디 우리
가슴속에 깊이 다가옵니다. 하나님, 우리는 살면서 때때로 넘
어지고 비틀거리고 울기도 했습니다. 그리고 세상 사람들에게
실패자라는 낙인이 찍히기도 했습니다. 그러나 사도는 우리를
향해 말합니다. "너, 하나님의 사람이여." 이 한마디를 붙들고
살겠습니다. 이 말씀 의지하여 살겠습니다. 이 말씀을 우리의
빛으로 삼아 살겠습니다. 이 땅에 있는 젊은이들에게 이 말씀
이 가진 힘과 능력을 덧입혀 주소서. 아멘.

사귐과 연대로의
초대

　　　　　자비로우신 하나님, 오늘 우리들에게 성찬의 잔칫상을 베풀어 주시니 감사합니다. 주님은 우리를 귀한 손님으로 맞아 주십니다. 우리의 모습 부끄러움 뿐이지만 주님은 우리를 더럽다 마다하지 않으시고 두 팔 벌려 안아 주십니다. 우리가 오랫동안 잊고 살았던 하나님의 형상이 다시금 돌아나도록 만들어 주십니다. 그 큰 사랑 받았으니, 우리도 누군가의 품이 되어 살기를 소망합니다. 주님, 이 시간 오셔서 우리의 내면의 등불이 되어 주소서. 이 시간 오셔서 흩어졌던 우리 모두를 묶는 끈이 되어 주소서. 아멘.

사랑의 샘물
터져 나오길

하나님, 주님 앞에 처음 나올 때 우리는 허물 많은 우리의 모습을 있는 그대로 용납해 주시는 주님의 사랑에 감격했습니다. 그러나 교회에 다니면서도 우리는 그 감격 속에 살지 못한 채 옛 삶을 반복하고 있었음을 고백합니다. 그 때문에 우리의 삶은 망가졌습니다. 쫓겨난 귀신이 일곱 귀신을 데려온 것처럼, 우리는 때때로 교만했고 때때로 무지했고 때때로 마음이 각박해졌습니다. 그 때문에 주님의 영광이 가려졌습니다. 주님, 바라옵고 원하옵나니 우리의 마음속에 막혀 있는 사랑의 샘 줄기가 다시 한 번 터져 나오게 도와주소서. 아멘.

내 발을
지키시는 하나님

　　　　　하나님, 이맘때가 되면 언제나 하박국 선지자의 말이 떠오릅니다. 거두어들일 무화과나무도 없고 올리브 열매도 없고 포도송이도 없으며, 우리 안에 양떼와 소떼가 없어도, 하나님으로 인하여 찬미한다고 그는 노래했습니다. 하나님, 지난 세월 동안 우리가 거두어들인 것이 비록 적어도, 우리를 생명의 길, 평화의 길로 인도하시는 하나님 덕분에 우리의 마음은 든든합니다. 하나님이 우리의 생을 빛나게 만드십니다. 하나님을 신뢰하기에 우리는 악에 물들지 않은 채 살아갑니다. 하나님, 감사합니다. 우리가 바치는 감사를 받아 주시고, 우리의 삶을 통하여 하나님의 영광이 온전히 드러나게 하소서. 아멘.

두 갈래
길

하나님, 우리를 세상의 중심에 놓고 보면 세상의 모든 문제는 우리의 외부에 있습니다. 함께 살아가는 이웃들에게 문제가 있고, 함께 신앙생활하는 우리 동료들에게 문제가 있는 것처럼 보입니다. 그러나 하나님께 우리의 마음을 의탁하고 바라보면 그 문제가 우리 속에도 있음을 알게 됩니다. 우리에게 겸허한 마음 주소서. 악인의 길, 그 길에서 벗어나 자꾸만 의인의 길에 서는 우리가 되게 하소서. 아멘.

하나님의
마음을 안다는 것

하나님, 삶이 너무 무겁게 느껴질 때마다 우리는 '제 마음 아시죠?'라고 기도합니다. 그런데 우리의 마음을 알아달라고 하면서 정작 우리는 하나님의 마음을 알아 드리지 못합니다. 우리가 눈물 흘릴 때 주님이 다가오셔서 눈물 닦아 주기를 기도하면서도, 오늘 세상에 만연한 고통 때문에 아파하시는 하나님의 마음은 위로해 드리지 못합니다. 우리가 그러했습니다. 주님, 우리도 주님처럼 아버지의 마음과 깊은 일치를 이루며 살게 도와주소서. 세상이 어떠하든, 증오와 미움에 사로잡혀 살지 않고, 사랑의 영토를 넓히기 위해 최선의 노력을 다하는 우리가 되게 하소서. 아멘.

새로운 시간의 다짐

자비로우신 하나님, 우리를 사랑 가운데 인도하시고 품어 주신 것 감사합니다. 이제 잠시 후면 새로운 해를 맞이하게 됩니다. 시간의 주인이 하나님이시기에, 다가오는 새해는 하나님의 선물입니다. 하나님의 선물을 하나님의 선물답게 가꾸며 살아가는 우리가 되게 하소서. 가정과 일터에서 그리스도의 손발 되어 살게 도와주시고, 삶을 축제로 바꾸는 지혜 가운데 살게 도와주소서.

하나님, 새해에는 우리들의 가슴속에 있는 사랑의 샘이 고갈되는 일이 없게 하시고, 그 샘물을 길어 주위의 목마른 영혼들에게 시원함을 안겨 주는 사람들이 되게 하소서. 또 새해에는 친절한 사람들이 되게 도와주셔서 우리의 친절함과 따뜻함을 통하여 이웃들이 주님의 현존 앞에 서는 역사가 나타나게 하소서. 우리가 받은 은총으로 인하여 늘 감사하며 사는 복된 나날이 되게 하소서. 아멘.

하나님의
신비 앞에

자비로우신 하나님, 오늘이라는 이 복된 시간을 주신 주님께 감사합니다. 창조주이신 하나님, 역사의 주관자이신 하나님을 우리의 마음속에 겸손하게 모시고 싶습니다. 닫혔던 우리의 마음 문 여셔서 하나님의 신비 앞에 서게 도와주시고, 역사 속에 어둠이 지극해도 세상을 밝게 비추시는 하나님 바라보면서 낙심하지 않게 하여 주소서. 아멘.

기회가 좋든지
나쁘든지

하나님, 우리는, 아름다운 세상의 꿈을 함께 꾸자는 하나님의 청을 번번이 거절했습니다. 날씨가 좋지 않습니다. 형편이 좋지 않습니다. 건강이 좋지 않습니다. 세상이 너무 악합니다. 내가 감당해야 할 짐이 너무 무겁습니다. 수없이 많은 핑계를 대면서 우리는 하나님 나라를 살아내지 못했습니다. 주님은, 하나님 나라는 바로 지금 여기에서 시작해야 한다고 말씀하십니다. 때를 얻든지 못 얻든지. 하나님의 말씀을 선포하고 그 말씀을 따라 끈질기게 살아내는 사람들이 되고 싶습니다. 오늘 함께한 모든 사람들이 각자에게 주어져 있는 삶의 자리에서 하나님 나라를 시작하는 용기를 갖게 하소서. 아멘.

길을
만드는 이들

하나님, 우리는 세상이 어둡다고 탄식만 했습니다. 그러나 세상에는 온몸으로 어둠과 부딪혀 파란 불꽃을 일으키는 사람들이 있습니다. 우리는 세상에 선한 사람 하나도 없다고 탄식만 했습니다. 그러나 자신에게 주어진 삶의 자리에서 묵묵히 선을 행하며 사는 사람들이 있습니다. 우리는 세상의 길이 막혔다고 탄식만 했습니다. 그러나 길 없는 곳에 길을 만드는 사람들이 있습니다. 주님, 우리 마음속에 하나님의 생기를 불어넣으셔서 하나님이 기뻐하시는 세상을 이룰 수 있도록 도와주소서. 아멘.

열린 식탁

하나님, 주님의 열린 식탁에 우리를 초대해 주시니 감사합니다. 우리가 의롭기 때문에, 깨끗하기 때문에 이 식탁에 청함 받은 것이 아님을 압니다. 우리의 상처와 아픔과 부족함을 아시면서도 우리를 부르시어 치유해 주시는 주님의 은총에 감차합니다. 믿음 없는 우리를 불쌍히 여기시고 날마다 주님의 영으로 새롭게 빚으소서. 그리하여 하나님의 뜻을 따라 살아가는 참 사람들이 되게 하소서. 아멘.

함께 웃고
우는 삶

하나님, 하나님은 우리가 누군가의 이웃이 되어 살기를 바라십니다. 누군가가 슬퍼할 때 곁에 머물면서 그와 더불어 함께 우는 사람, 누군가가 기뻐할 때 조금의 유보도 없이 함께 기뻐하는 사람이 되라고 명하셨습니다. 그러나 우리는 정반대의 길로 치달았습니다. 그 때문에 마음의 안식이 없었고 우리가 사는 세상에는 평화가 없었습니다. 이제는 정말 새로운 삶을 연습하고 싶습니다. 기뻐하는 사람과 함께 기뻐하고 우는 사람과 함께 울 줄 아는 참 사람이 되고 싶습니다. 우리 마음의 군더더기를 덜어내게 하시고, 붙잡아야 할 가치를 굳게 붙잡아 하늘의 평강을 이 땅에 퍼뜨리는 아름다운 나날 누리게 하소서. 아멘.

영의 눈이
열리게

하나님, 우리에게 복된 시간을 허락하여 주시고 하나님 앞에 진실된 마음으로 예배를 드리게 하시니 고맙습니다. 하나님, 이 세상에 사느라 우리는 지쳤습니다. 하나님의 형상을 잃어버렸고 마음은 황폐하게 변했습니다. 긍휼히 여기소서. 하나님의 세계를 보며 정말로 기뻐할 수 있는 능력이 회복되게 도와주시고, 우리의 곁을 거닐고 있는 사람 속에서 하나님의 형상을 발견하는 영의 눈이 열리게 하소서. 그로 인해 우리가 생명을 소중히 여기고, 생명을 되살리는 일을 위해 협력하며 사는 하나님의 백성 되게 하여 주소서. 아멘.

주신 인생을
한껏 살아내게 하소서

하나님, 우리는 모두 행복을 원합니다. 그러나 살다보니 우리 마음속에는 불평과 불만이 가득 차오르고 있습니다. 세상에 공평함이 없기 때문인지 많은 것을 누리며 사는 사람들은 여전히 많은 것을 누리고, 그렇지 못한 사람들은 여전히 밑바닥에서 신음하며 살고 있습니다. 하나님은 그런 세상을 보고 음란하고 악한 세상이라 말씀하십니다.

하나님은 우리가 이 시대의 풍조를 따라 살지 않고 하나님의 뜻을 따라 자기의 인생을 한껏 살아내기를 바라십니다. 주님, 우리는 그런 인생을 지향합니다. 힘겨울지라도 낙심치 말게 도와주시고 평화 세상, 생명 세상 이루기 위해 땀 흘리며 살게 하소서. 아멘.

교회의
지체 되어

하나님, 우리는 하나님의 마음에 잇대어 아름답게 살기를 꿈꾸지만, 세상의 인력에 이끌리다 보니 더럽고 추한 사람들이 되었습니다. 하나님을 믿노라 하면서도 죄의 종으로 우리를 바칠 때가 얼마나 많았는지요. 이제부터는 우리를 의의 종으로 주님 앞에 바치며 살기 원합니다. 주님의 몸으로서의 교회가, 그리고 교회의 지체로서의 우리가 하나님의 뜻, 하나님의 나라와 그의 의를 위하여 최선을 다해 헌신하며 살 수 있게 도와주소서. 교회가 이 땅의 어둠을 더하지 않고 이 땅을 밝히는 작은 등불이 되게 하소서. 아멘.

하나님의 뜻, 하나님의 나라와 그의 의를 위하여
최선을 다해 헌신하며 살 수 있게 도와주소서.

구원의
잔을 들고

하나님, 육신을 가지고 사는 우리는 언제나 비틀거리고 눈물을 흘리기도 합니다. 좌절의 어둠이 우리를 사로잡아 저 절망의 심연 속에 내동댕이치기도 합니다. 세상에서 우리를 돌봐주는 사람이 없다는 외로움이 엄습할 때도 있습니다. 그러나 하나님은 언제나 곁에 계시면서 우리를 붙들어 주셨고, 빛을 비춰 주셨고, 눈물을 닦아 주셨습니다. 그 덕분에 우리는 이 자리에 서 있습니다. 하나님, 감사합니다. 앞으로 우리에게 다가오는 인생의 시련이 무엇이든, 그 시련을 통하여 오히려 하나님의 마음에 더 가까이 다가설 수 있음을 믿습니다. 하나님, 우리가 구원의 잔을 높이 들고 기뻐하고 감사하며 살게 도와주시되, 함께 사는 이들의 고통을 덜어 주기 위해 애쓰는 참 사람으로 살게 하소서. 아멘.

길 떠나는
우리

　　하나님, 세상이 온통 혼돈 속에 빠져드는 듯 보여도, 이면에서 작동하고 있는 하나님의 질서는 어김없이 이루어지고 있음을 우리는 믿습니다. 때때로 세상의 안개나 짙은 구름에 가려 하나님의 통치하심이 보이지 않을 때도 있습니다. 하나님, 그런 순간에도 낙심하지 않도록 우리를 지켜 주소서. 그 어둠을 뚫고 비쳐오는 한줄기 빛을 바라보며 하나님 마음의 중심에 당도하기 위해 길 떠나는 우리 모두가 되게 하소서. 역사가 신음합니다. 오늘 이 땅이 혼돈에 빠져 있습니다. 주님, 다시 한 번 명하시어 이 땅의 질서를 회복시켜 주소서. 아멘.

구원의
우물에서

주님, 우리가 살고 있는 세상이 평안한 때는 없었습니다. 행복에 겨워 권태롭게 우리 인생을 살아낸 적도 없습니다. 언제나 쫓기듯 살았습니다. 가슴 아픈 일들, 그리고 분노할 수밖에 없는 일들이 도처에서 벌어지곤 했습니다. 그럼에도 불구하고 우리 마음이 무너지지 않았던 것은 주님이 우리와 함께 계셨기 때문입니다. 주님, 구원의 우물에서 기쁨의 샘물을 길어 오르는 능력을 우리에게 더하여 주소서. 세상이 아무리 척박하다 해도 하나님 안에서 살아감으로써 세상을 밝히는 한 점 등불이 되게 하소서. 아멘.

별을 던지는
마음으로

하나님, 세상에는 우리의 이성으로 이해할 수 없는 일들이 너무나 자주 일어납니다. 상식적인 판단이 무너질 때 우리는 절망하고 좌절하고 누군가를 원망합니다. 그러나 삶은 계속되어야만 합니다. 세상이 어둡다고 원망만 하지 말게 도와주소서. 별들의 바탕은 어둠이 마땅하다고 했습니다. 이 어두운 세상에 별 하나 떠오르게 하는 마음으로 살아가도록 우리와 동행해 주소서. 아멘.

삶으로
맞아들임

하나님, 의로운 사람 요셉을 생각해 봅니다. 그는 자기 마음속에 있는 의구심을 지워 버리고 큰 사랑으로 마리아와 아기를 자신의 삶에 맞아들였습니다. 그 일을 통하여 그는 예수 그리스도를 이 땅에서 정말 아름다운 사람으로 성장시키는 일에 기꺼이 동조했습니다. 주님, 우리도 마음의 팔을 넓게 벌려, 시련 속에 있는 사람들, 취약해진 사람들을 품어 안게 도와주소서. 그들과 더불어 이 땅을 빛이 가득한 곳으로 바꾸어 가는 데 사용하여 주소서. 아멘.

선하신
목자

선한 목자이신 주님, 이 세상 사는 동안 우리는 길 잃은 양처럼 비틀거리며 살았습니다. 어둠 속에서 공포에 질린 때도 있었습니다. 절망의 심연에서 헤어 나오지 못한 때도 있었습니다. 그러나 주님은 우리에게 다가오셨고, 우리의 손을 붙잡으셨고, 우리를 이끌어 쉴 만한 물가와 푸른 초장으로 인도해 주셨습니다. 주님은 우리를 당신의 손과 발로 삼아 이 땅에서 어둠에 빠진 사람들을 구해내길 원하십니다. 주님, 우리가 여기에 있습니다. 우리를 주님의 몸으로 삼아 주소서. 아멘.

형제의
얼굴

하나님, 시간 속을 걸어가는 일, 그것은 행복한 일이기도 하지만 두려운 일이기도 합니다. 유형무형의 두려움과 공포가 우리를 사로잡아 놓아 주지 않을 때가 많았습니다. 우리는 두려운 일이 다가올 때마다 재빨리 그 두려움을 떨쳐낼 수 있기를 소망했습니다. 그러나 그 두려움이야말로 하나님의 은총을 자각하는 계기가 됨을 이제는 압니다.

하나님, 야곱이 이스라엘로 변화되었던 것처럼 우리 또한 새로운 존재로 거듭나게 도와주시고, 형제의 얼굴 속에서 이전에 보지 못했던 하나님을 볼 수 있는 신앙의 눈을 열어 주십시오. 용서해야 할 사람 용서하게 하시고 용서를 청해야 할 사람들에게 용서를 청하며 새로운 존재로 새 날을 맞이할 수 있도록 복 내려 주소서. 아멘.

천천히,
그러나 꾸준히

하나님, 종종 우리는 하나님의 뜻대로 살려고 애를 쓰는데, 우리의 그 애씀이 무익하게 끝나는 것처럼 느껴져 절망스러울 때가 참 많습니다. 긍휼히 여겨 주소서. 믿음의 눈 열어 주셔서 우리가 하는 생명의 파종, 평화의 파종이 결국 주님으로 인하여 결실하게 될 것을 믿어 의심치 말게 하소서. 낙심하는 사람들이 아니라 희망의 노래를 부르는 멋진 사람들 되게 인도하소서. 아멘.

세상에
불꽃으로

하나님, 주님 알기를 포기한듯 보이는 오늘의 교회를 생각하면 가슴이 무너지는 슬픔을 느낍니다. 주님은 청년 정신으로 어두운 세상과 맞서 하늘의 빛을 끌어들이셨습니다. 그런 주님을 믿는다고 말하면서도, 우리는 어둠만 자아내고 있는 것 같아 안타깝습니다. 우리를 불쌍히 여기소서. 우리의 내면을 진리의 영으로 환히 비추어 주소서. 기력을 잃어버린 우리의 삶 속에 오셔서 맥박이 돌게 도와주시고, 의기가 생겨나게 도와주시고, 화색이 돌게 도와주시고, 그리스도의 몸 되어 살아가는 기쁨을 누리게 도와주소서. 아멘.

평화의
노래

　　　　주님, 세상은 인간의 욕망으로 말미암아 찢기고 또 찢겼습니다. 찢어진 세상에서 살아가는 일은 언제나 힘겹습니다. 그래서 우리는 우리에게 주어져 있는 인생을 한껏 누리며 살지 못하고 늘 알 수 없는 불안감에 시달리며 삽니다. 주님, 우리를 불쌍히 여기소서. 우리가 그리스도를 닮게 하소서. 그리스도의 꿈을 가슴에 품고 살게 하소서. 장벽을 무너뜨리게 하소서. 저 너머에 있는 사람들을 우리의 마음에 받아들여 함께 평화의 노래를 부를 수 있는 세상을 열어 주소서. 아멘.

걸으신 그 길
따릅니다

하나님,
하나님이 하라 하신 일 성심껏 수행하기 위해
고난의 길도 마다하지 않고 걸으셨던
그리스도를 우리도 닮기 원합니다.

주님이 우리의 죄와 슬픔과 아픔을 다 짊어지셨기에
우리는 새로운 존재로 거듭났습니다.
이제는 주님이 앞서 걸어가신 그 길을 따라 걸으며
우리도 이웃들에게 화평의 복음을 전하는
사람들이 되고 싶습니다.
부족하지만 우리를 들어
주님의 평화의 도구로 사용하여 주소서.
아멘.

함께여서
좋은 사람들

자비로우신 하나님,

우리가 이렇게 한 교회 안에서 신앙생활을 하게 된 것,

그것은 우리의 선택이기도 하지만

하나님의 계획이심을 믿습니다.

우리가 만나 함께 그리스도의 이야기를 나눌 때

우리의 삶은 풍요로워지고 우리의 마음속에 있는

우울감은 사라지며, 하나님에 대한 감사의 마음이

깊어질 줄로 믿습니다.

하나님,
하나님의 구원 이야기에 합류한 자의 기쁨을 품고
이 땅에서 살아가는 우리가 되게 하소서.
잿빛 세상을 하늘빛으로 물들일 수 있는
내면의 능력이 예배를 통하여
우리 속에 자라나게 하소서.
아멘.

하늘의
인력

　　　　하나님은, 당신의 형상을 따라 우리를 지으셨고 당신이 그러하시듯 우리도 참 자유를 누리며 살기를 바라십니다. 그러나 하늘보다 땅을 바라보는 시간이 많았던 우리는, 하늘의 인력보다 땅의 인력에 속절없이 끌려가는 사람들이 되어 버리고 말았습니다. 자유인의 운명을 타고났으나 노예로 살고 있는 것이 우리 삶이 아닌가 생각해 봅니다. 하나님, 다시 한 번 머리를 들어 하나님만을 바라보게 도와주시고, 하나님 마음에 접속하여 이 땅을 하나님 뜻으로 채워가게 하여 주소서. 아멘.

잠시
발걸음을 늦추고

하나님, 그동안 분주하게 사느라 우리의 생이 은총이며 신비임을 잊고 지낼 때가 참 많았습니다. 분주하던 발걸음을 멈추고 가만히 돌이켜 생각해 보니 하나님의 은혜가 우리를 붙들고 있었음을 절감합니다. 하나님, 주님이 그러하셨던 것처럼, 이제부터 우리도 누군가를 붙들어 주고, 누군가의 품이 되어 주고, 어둠에 유폐된 사람들에게 빛을 가져가는 사람들이 되게 도와주소서. 아멘.

새롭게
빚어진 자들

하나님, 예수님의 마음을 닮고 싶었습니다. 하나님을 진정으로 경외하고 이웃들을 진실로 사랑하고 싶었습니다. 그러나 일생을 살아가는 동안 우리는, 나 자신을 기준으로 삼아 다른 사람들을 재단하고 판단하고 비웃고 모멸스러운 말로 상처를 입힐 때가 얼마나 많았는지요. 주님, 이런 우리 속에 있는 악독과 탐욕을 불쌍히 여기시고, 말씀을 통하여 깨뜨려 주소서. 말씀으로 우리의 굳은 마음 녹여 주시고 성령을 통하여 우리를 새롭게 빚어 하나님의 뜻을 가슴에 품게 하소서. 아멘.

주님의 낯을
피하여

하나님, 덧거친 세상을 살아내는 일이 쉽지 않습니다. 우리는 늘 불안하고 하루하루 사는 일이 위태롭기만 합니다. 돌이켜 생각해 보니 하나님의 낯을 피하여 달아나기 때문임을 알았습니다. 하나님을 향하여 돌아서는 순간, 세상의 인력이 우리에게서 줄어들고 하늘의 뜻을 따라 사는 새 사람이 될 줄로 믿습니다. 하나님의 낯을 피하는 사람이 아니라 하나님을 향하여 끈덕지게 돌아서는 주님의 아들, 딸들이 되게 하소서. 아멘.

세상 나라는
주님의 것

하나님, 아버지의 뜻이 하늘에서 이루어진 것처럼 땅에서도 이루어지기를 소망합니다. 우리의 눈길이 세상을 향할 때는 절망하고 낙심할 수밖에 없었고, 영혼은 피폐해질 수밖에 없었습니다. 그러나 눈을 들어 하늘을 바라보니 하나님이 통치하신다는 사실을 느끼게 되었고, 비로소 우리는 절망의 어둠 속에서 빠져나올 수 있게 되었습니다. 주님, 절망의 어둠 속에 살고 있는 사람들에게 하늘의 소망을 전하는 우리 모두가 되게 하소서. 아멘.

주님을
기다리는 사람들

자비로우신 하나님, 익숙한 세계에만 안주하다 보면 우리는 낯선 것들을 몹시 싫어하게 됩니다. 누군가가 우리의 삶 속에 찾아오는 것도 꺼려집니다. 이것이 닫힌 삶의 방식이었습니다. 그래서 우리는 적당히 비겁하고 적당히 이기적으로 살면서 하나님을 믿는다고 입술로만 고백했습니다. 주님, 이제 우리의 마음을 엽니다. 열리지 않는 마음이라면 깨뜨리고라도 들어오셔서, 우리의 주인이 되어 주소서. 주님의 마음을 품고 살아가게 하소서. 아멘.

거처 삼아
주소서

하나님, 사는 게 힘들다며 땅만 바라보고 살다 보니 우리는 길을 잃어버린 채 세상을 방황하는 사람들이 되고 말았습니다. 그러나 길과 진리와 생명이신 주님이 다가오셔서 우리를 위로하시고 힘과 능력을 더하여 주시고, 우리의 손 붙잡아 일으키시고 생명의 길로 인도해 주셨습니다. 그 은총이 우리를 살게 합니다. 주님, 욕망과 권세에 대한 생각이 우리의 삶을 이끄는 동기 되지 않도록 도와주소서. 하나님을 영화롭게 하고 이웃들을 진심으로 사랑하려는 그 마음이 우리 삶의 근본이 되도록 인도하소서. 주님, 기다립니다. 우리의 마음속에 오셔서 우리를 거처 삼아 주소서. 아멘.

마라나타

마라나타 주님, 오십시오. 사랑이 메말라 버린 우리의 가슴속에도 오시고, 정을 잃어버린 사람들과의 관계 속에도 오시고, 세상 도처를 떠돌고 있는 고단한 사람들의 마음에도 오소서. 오셔서 세상의 평화를 되돌려 주시고 이 세상이 생명으로 일렁거리는 새로운 공간이 되도록 우리와 함께 하여 주소서. 아멘.

다가오는
날들에도

하나님,
우리는 늘 아름답고 멋지게 살고 싶지만,
세상 현실 앞에서 그 꿈은 번번이 좌절되고 맙니다.
그 때문에 우리의 몸과 마음에는
수없이 많은 그림자가 드리워지고
상처 자국이 아물 날이 없습니다.

주님은 우리에게
"너는 내 아들이다, 내 딸이다" 말씀하시면서
위로해 주십니다.
하나님의 사랑이 우리를 살게 합니다.
지나온 시간을 지켜 주신 하나님,
다가오는 날들에도 우리와 동행해 주시고
우리가 마땅히 해야 할 일들을 명하소서.
아멘.

다가오는 날들에도 우리와 동행해 주시고
우리가 마땅히 해야 할 일들을 명하소서.

생명의 향기
번지도록

하나님, 거칠고 냉랭한 세상에 사는 동안 한 없이 작아진 우리의 마음을 주님 앞에 내놓습니다. 우리의 마음 넓혀 주시어 주님이 부르신 그 하나님 나라의 꿈을 향해 용기 있게 길 떠나는 나그네가 되게 하소서. 우리의 삶을 통해 그리스도의 생명의 향기가 이 땅에 번져가게 도와주시고 하나님의 아름다운 꿈이 실현되도록 우리를 주님의 도구로 사용하소서. 아멘.

벗어나게
하소서

하나님, 이 작디작은 자아 안에 고정된 삶의
세계에서 벗어나고 싶습니다. 마음을 넓히고 가슴을 활짝 열
고 하나님 안에서 살고 싶습니다. 세상에 빛을 비추며 사는 사
람이 되고 싶습니다. 우리와 동행해 주소서. 아멘.

태산이든
계곡이든

하나님,

때로는 태산이 우리 앞에 가로막힌 듯,

때로는 깊은 계곡이 우리를 가로막고 있는 듯,

인생이 암담하게 느껴질 때가 있습니다.

앞으로 나아가자니 험난하고 뒤로 돌아서자니 아득한,

그런 진퇴양난의 상황 속에서

우리는 어찌할 바 모르고 주저앉아 있을 때가 많습니다.

그러나 주님, 주님이 우리 속에 생기를 불어넣으시면

우리는 태산이든 계곡이든 두려움 없이 넘어갈 수 있습니다.

우리에게 힘을 주시고

우리를 통해 이 세상을 바꾸어 주소서.

아멘.

우리 앞의
생을 향해

주님,

우리가 살고 있는 세상은 끝없이 탐욕을 부추깁니다.

그러나 주님은 우리에게 탐심은 우상 숭배라고 말씀하십니다.

탐욕을 절제하고 우리 곁에 있는

어려운 처지의 사람들을 도우며 살라고 하십니다.

그것이 거룩함이라고 하십니다.

주님,

그 거룩한 삶의 길로 우리를 초대해 주시니 감사합니다.

몸에 익은 습관 때문에 끝없이 인색함의 길로 달려가지만,

이제는 그 마음 떨쳐 버리고

주님이 명하신 생을 향해 출발하겠습니다.

우리의 삶이 거룩한 삶으로 거듭나게 하소서.

아멘.

사귐으로의
초대

자비로우신 하나님, 우리에게 이 아름다운 시간을 주셔서 감사합니다. 하나님 안에서 살고 있는 우리들, 내 곁에 있는 사람은 바로 하나님이 나에게 보내 주신 사람임을 오늘 또다시 깨닫게 되었습니다. 생각이 다르고 지향이 다를지라도 우리는 하나님께 속한 한 백성임을 주님 앞에 고백하지 않을 수 없습니다. 이제부터는 서로의 차이를 존중하며 살겠습니다. 서로의 낯섦을 삶 속에 받아들여 더 커진 존재가 되겠습니다. 주님, 하나님을 좇아 사는 삶을 살고 싶습니다. 우리의 작음을 하나님 앞에 내놓사오니 우리가 새로운 존재로 거듭날 수 있도록 인도해 주소서. 아멘.

우리에게 이 아름다운 시간을 주셔서 감사합니다.
하나님 안에서 살고 있는 우리들,
내 곁에 있는 사람은 바로 하나님이
나에게 보내 주신 사람임을
오늘 또다시 깨닫게 되었습니다.

탕자의
마음

하나님, 돌이켜 생각해 보니, 우리는 돌아온 탕자의 눈으로 세상을 바라보기보다는 할 도리를 다하며 살았다고 자부하는 큰아들의 심정으로 세상을 바라볼 때가 많았습니다. 마땅히 받아야 할 대접을 받지 못한다고 생각했고 그래서 탕자처럼 방황하다 돌아온 동생들을 귀히 여기지 못했습니다. 그 때문에 우리 마음속의 지혜가 사라졌고, 총명이 사라졌고, 눈이 어두워졌고, 귀가 어두워졌습니다. 불쌍히 여기소서. 이제 우리의 눈과 귀를 열어 주소서. 받아들여진 탕자의 마음으로 세상 바라보며, 감사하는 마음으로 사는 나날 되게 하소서. 아멘.

주님
덕분에

하나님, 우리가 서 있는 삶의 토대가 속절없이 흔들릴 때마다, 우리는 멀미를 하고 현기증을 느끼고 아우성치며 살았습니다. 그러나 주님, 우리가 하나님 안에 깊이 뿌리를 내리면 우리도 시인처럼 고백할 수 있습니다. "내가 선 자리가 든든합니다." 주님 덕분에 우리는 든든하게 섰습니다. 이제는 우리를 통하여 주님의 영광이 이 땅에 드러나게 도와주소서. 아멘.

가벼워지는
삶

하나님, 삶의 무게는 언제나 우리를 짓눌러 고통스럽게 만듭니다. 그래서 우리는 오로지 나 자신에게만 골몰한 채 살아가곤 합니다. 그러나 주님의 영은 우리를 일으켜 세워서 더 넓은 세계를 바라보라고 하십니다. 고통 받는 사람의 선한 이웃이 되어 주라고 말씀하십니다. "그렇게 살 때 네 짐이 가벼워진다" 일러 주십니다. 하나님, 그 삶을 우리가 실천할 수 있게 도와주소서. 그런 삶의 실천이 우리에게 주는 참된 자유를 누리고 하나님께 영광 돌리며 살 수 있도록 하소서. 아멘.

삶의
조건

하나님, 시간 속을 걸어간다는 것은 언제나 고단한 일입니다. 우리의 욕망을 거스르는 세상의 일들이 많기 때문에 그렇습니다. 인간은 욕망을 품고 살 수밖에 없는 존재입니다. 그러나, 하나님께 모든 것 맡기고 최선을 다할 때, 우리보다 우리를 더 사랑하시는 하나님께 우리의 삶을 맡길 때, 우리는 자유로워짐을 이제야 깨닫습니다. 주님, 우리에게 그런 자유를 허락하여 주셔서 감사합니다. 우리에게 주어져 있는 삶의 조건이 어떠하든지 기뻐하며 살 수 있는 내면의 능력이 끊어지지 않게 하소서. 아멘.

예수,
우리 왕이여

　　하나님, 오순절의 긴 여정 끝에 우리는 '그리스도는 우리의 왕이요 이 세상의 왕'이라고 고백합니다. 이 고백이 우리의 마음속에 진실한 것인가 돌이켜 생각해 보았습니다. 그리스도가 아닌 다른 가치들이 우리의 삶을 사로잡을 때가 많았음을 고백합니다. 그러나 우리는 하늘의 뜻을 품고 사는 사람들입니다. 땅에 살고 있지만 땅에 속한 사람이 아니라 하늘에 속한 새 사람이 되고 싶습니다. 하나님, 정말로 주님을 마음속에 왕으로 모신 채 당당하고 멋지게 이 세상에서 행복을 누리며 살도록 우리를 도와주소서. 아멘.

그리스도는
우리의 왕이요
이 세상의 왕이라고
고백합니다.

그 노래
울려 퍼지길

하나님, 구유에 누인 아기 이야기를 낭만적인 이야기로 받아들이지 않겠습니다. 그것은 참으로 참담한 현실이었습니다. 참담하지만, 하나님은 세상을 구원하는 방식을 그렇게 정하셨습니다. 오늘 우리 시대에 구유에 누워 있는 사람들, 마치 살갗이 벗겨진 것처럼 아파하는 사람들, 그들과 더불어 주님이 이 세상에 도래하고 계심을 잊지 말게 하소서. 마리아가 불렀던 혁명의 노래, 진정한 평화의 노래가 우리 사회 곳곳으로 울려 나가도록 우리를 사용하여 주소서. 아멘.

하나님의
성품

하나님, 우리 속에 있는 하나님의 성품의 씨앗이 어쩌면 이리도 더디게 발화하는지 모르겠습니다. 마치 갑각류처럼, 사는 동안 나를 지켜내기 위해 딱딱한 껍질을 만들어 왔습니다. 그리 살다 보니 다른 이들의 아픔에 반응할 줄도 모르는 무정한 사람이 되어 버리고 말았습니다. 우리의 이익을 확보하기 위해 애쓰다 보니 아파하는 사람들의 시린 마음을 헤아리지 못했습니다. 이제는 주님의 은혜 앞에 우리를 바치오니 우리를 녹여 주시고 우리 속에 있는 하나님의 성품이 싹트게 도와주소서. 그 마음 가지고 오시는 주님의 손 붙잡고 세상을 정화하도록 우리를 이끌어 주소서. 아멘.

몸으로
증언하게 하소서

하나님, 우리는 땅의 현실에 관심을 쏟느라고 하늘의 징조를 알아차리지 못했습니다. 어두운 세상에 눈이 익숙해져서인지, 빛을 향하여 고개를 들지도 못했습니다. 그러나 주님이 우리 곁에 오고 계십니다. 어두운 세상에 빛으로 오십니다. 절망의 세상에 희망으로 오십니다.

주님, 주님이 명하신 대로 빛 되어 어두운 세상 밝히는 우리가 되게 하소서. 세상의 타락을 막는 방부제 역할 감당하는 우리가 되게 하소서. 날로 어두워져가는 세상살이에 지친 사람들에게, 생을 축제로 즐기며 사는 사람들, 사랑하고 아끼며 사는 사람들이 여전히 있다는 사실을 몸으로 증언하는 우리가 되게 하소서. 아멘.

등불 하나

하나님, 살아가면서 세상이 어둡다고 느낄 때마다 "하나님, 왜 세상을 이 지경이 되도록 버려 두십니까"라고 말할 때가 많습니다. "하나님, 살아 계시니 뭔가 일하셔야 하지 않겠습니까"라고 말하기도 합니다. 그러나 주님은 우리에게 "바로 그 일을 하라고 너를 불렀다"고 하십니다. 주님, 이 어둔 세상에 등불 하나 밝히는 마음으로, 이 척박한 세상에서 연약한 사람들을 보듬는 사랑의 사역자들이 되고 싶습니다. 우리와 함께 해주시어 낙심하거나 지치지 않고 힘있게 우리에게 주어진 인생길 걸어가도록 복의 복을 더하여 주소서. 아멘.

우리와 함께 해주시어 낙심하거나 지치지 않고
힘있게 우리에게 주어진 인생길 걸어가도록
복의 복을 더하여 주소서.